乡村振兴的
路径与实践

XIANGCUN ZHENXING DE
LUJING YU SHIJIAN

安小洪　主编

山东城市出版传媒集团·济南出版社

图书在版编目（CIP）数据

乡村振兴的路径与实践／安小洪主编．—济南：济
南出版社，2021.4（2024.3 重印）

ISBN 978 – 7 – 5488 – 4656 – 7

Ⅰ.①乡…　Ⅱ.①安…　Ⅲ.①农村—社会主义建设—
研究—赤水　Ⅳ.①F327.734

中国版本图书馆 CIP 数据核字（2021）第 061118 号

出 版 人　谢金岭
责任编辑　宋　涛　孙　愿　张慧敏　闫　菲　姜天一
封面设计　焦萍萍

出版发行　济南出版社
地　　址　济南市二环南路 1 号
邮　　编　250002
印　　刷　山东百润本色印刷有限公司
版　　次　2021 年 4 月第 1 版
印　　次　2024 年 3 月第 3 次印刷
成品尺寸　185mm×260mm　1/16
印　　张　10
字　　数　169 千字
定　　价　59.80 元

乡村振兴托举中国梦（代序）

  党的十九大提出实施乡村振兴战略，是以习近平同志为核心的党中央着眼党和国家长远发展全局，深刻把握中国农村社会发展规律，顺应亿万农民对美好生活的向往和期盼，对"三农"工作做出的重大战略部署，是决胜全面建成小康社会、全面建设社会主义现代化国家的关键决策，是中国特色社会主义进入新时代的科学论断，是新时代做好"三农"工作的总抓手，在我国"三农"发展进程中具有划时代的里程碑意义。

  乡村是具有自然、社会、经济特征的地域综合体，兼具生产、生活、生态、文化等多重功能，与城镇互促互进、共生共存，共同构成人类活动的主要空间。我国人民日益增长的美好生活需要和不平衡不充分的发展之间的矛盾在乡村最为突出。乡村兴则国家兴，乡村衰则国家衰。全面建成小康社会和全面建设社会主义现代化强国，最艰巨最繁重的任务在农村，最广泛最深厚的基础在农村，最大的潜力和后劲也在农村。

  "小康不小康，关键看老乡。"实施乡村振兴战略是建设现代化经济体系的重要基础。农业是国民经济的基础，农村经济是现代化经济体系的重要组成部分。乡村振兴，产业兴旺是重点。实施乡村振兴战略，深化农业供给侧结构性改革，构建现代农业产业体系、生产体系、经营体系，实现农村一、二、三产业深度融合发展，有利于推动农业从增产导向转向提质导向，增强我国农业的创新力和竞争力，为建设现代化经济体系奠定坚实基础。

  实施乡村振兴战略是建设美丽中国的关键举措。农业是生态产品的重要供给者，乡村是生态涵养的主体区，生态是乡村最大的发展优势。乡村振兴，生态宜居是关键。实施乡村振兴战略，统筹山水林田湖草系统治理，加快推行乡村绿色发展方式，加强农村人居环境整治，有利于构建人与自然和谐共生的乡村发展新格局，实现百姓富、生态美的统一。

实施乡村振兴战略是传承中华优秀传统文化的有效途径。中华文明根植于农耕文化，乡村是中华文明的基本载体。乡村振兴，乡风文明是保障。实施乡村振兴战略，深入挖掘农耕文化蕴含的优秀思想观念、人文精神、道德规范，结合时代要求在保护传承的基础上创造性转化、创新性发展，有利于在新时代焕发出乡风文明的新气象，进一步丰富和传承中华优秀传统文化。

实施乡村振兴战略是健全现代社会治理格局的固本之策。社会治理的基础在基层，薄弱环节在乡村。乡村振兴，治理有效是基础。实施乡村振兴战略，加强农村基层基础工作，健全乡村治理体系，确保广大农民安居乐业、农村社会安定有序，有利于打造共建共治共享的现代社会治理格局，推进国家治理体系和治理能力现代化。

实施乡村振兴战略是实现全体人民共同富裕的必然选择。农业强不强、农村美不美、农民富不富，关乎亿万农民的获得感、幸福感、安全感，关乎全面建成小康社会全局。乡村振兴，生活富裕是根本。实施乡村振兴战略，不断拓宽农民增收渠道，全面改善农村生产生活条件，促进社会公平正义，有利于增进农民福祉，让亿万农民走上共同富裕的道路，汇聚起建设社会主义现代化强国的磅礴力量。

我国正处在"两个一百年"奋斗目标的历史交汇期，既要全面建成小康社会、实现第一个百年奋斗目标，又要乘势而上开启全面建设社会主义现代化国家新征程，向第二个百年奋斗目标进军。使命在肩，任重而道远。根据《中共中央国务院关于实施乡村振兴战略的意见》《乡村振兴战略规划（2018—2022年）》，2020年，乡村振兴的制度框架和政策体系基本形成，全面建成小康社会的目标如期实现；2022年，乡村振兴的制度框架和政策体系初步健全；2035年，乡村振兴取得决定性进展，农业农村现代化基本实现；2050年，乡村全面振兴，农业强、农村美、农民富全面实现。科学有序推动乡村产业、人才、文化、生态和组织振兴，显得至关重要。

农业兴则国家旺，农民富则国家盛，农村强则天下治。国家已经出台政策并将持续为实施乡村振兴战略提供政治、组织、政策、资金等方面保障，必将吸引诸多生产要素向乡村振兴聚集。广大农村是有志青年施展才华的舞台，脚踏实地，辛勤耕耘，必将大有作为。

实施乡村振兴战略，共筑中华民族伟大复兴中国梦。

目 录

第一篇　产业振兴百姓富

　　产业振兴是乡村振兴的关键因素，实现乡村产业振兴包括农业生产能力和供给能力稳步提升，乡村产业发展质量和效率的明显提高，乡村一、二、三产业融合发展水平显著上升和乡村产业发展对农民增收的作用持续增强。

　　产业振兴的目标是促进经济和社会的可持续发展，不断满足人民群众对美好生活的向往和需求。实现经济社会又好又快发展离不开产业支撑，离不开产业结构调整，通过合理的布局和结构调整，特别是对一、二、三产业结构的优化，可实现资源利用合理、产业部门高度协调、产品和服务能满足社会需要、提供就业机会充分、先进的产业技术得到推广应用、经济效益获得最佳。

第一讲　产业布局

　　产业布局可以通俗地理解为产业规划，是对产业结构进行整体布置和重新规划。从世界范围来看，近代产业布局调整是伴随着产业革命而推进的。曾经的英国是欧洲最先进的农业生产国，随着工业革命的开展，重工轻农的政策严重影响了农业的持续发展。二战以后，英国用了近15年的时间进行战略调整，农业现代化的进程因此奠定。因此，推动产业布局调整是推动产业现代化进程的关键，通过调整，达成统筹兼顾、因地制宜、协调发展的目标。

一、 农业

赤水既有四川盆地的高温高湿，又有贵州高原乍寒乍暖的气候特点，属典型的亚热带气候区，适宜各类种植养殖生产，是一个以农业经济为主的典型农业市（县）。

（一）赤水农业发展沿革

清初，民耕、军屯结合垦殖。以后军屯转入民户，并有少数外地农户迁入赤水境内从事农业生产。解放初期，农村实行减租退押，调动了佃耕农民的积极性，农业生产有所发展，1952年粮食总产量比1949年增长9.5%。土地改革后，农民分得了土地，生产积极性高涨，1954年粮食总产量比1952年增长14.8%；1956年至1957年实现农业合作化后，粮食总产量以每年平均5.6%的速度增长。但1958年开始受"大跃进"和"人民公社化"影响，加上自然灾害，粮食产量大幅度下降。1963年开始实行以生产队为基本核算单位的制度后，粮食生产稍有恢复。"文化大革命"初期，粮食产量又逐年下降，直到1970年才开始恢复；随后又在"农业学大寨"运动中由于生搬硬套大寨经验和割"资本主义尾巴"，使农业生产再次遭到破坏。1978年党的十一届三中全会之后，逐步放宽农业政策，推行以联产承包责任制为主的农业生产责任制，解放了生产力，农业生产迅速发展。1985年各项水利设施有效灌溉面积103235亩，占水田面积的62.3%，全县粮食总产量11837万斤，比1977年增长5.4%。

"十二五"以来，赤水市借助中央支持"三农"政策及乌蒙山区扶贫开发、脱贫攻坚的机遇，加快农业产业布局调整，通过做大做强竹产业，大力发展渔牧业，适时发展特色农业，稳步推进常规农业。同时，狠抓生态农业、观光农业、山地高效农业、立体农业建设，大力推进农业现代化。围绕"兴竹药、优果蔬、壮禽鱼、稳粮猪"的结构调整思路，农业产业化经济发展迅速，初步形成了以"竹、药、畜、果"为主的四大主导产业。以后又发展为以石斛、竹子、生态家禽、生态水产为主导的"十百千万"农业特色主导产业。

2020年，全市竹林面积达132.8万亩，石斛种植面积达9.22万亩，出栏以乌骨鸡为主的家禽1040万羽，发展山地生态水产养殖2.22万亩，花卉苗木保有量近5000亩。纵观改革开放四十多年农业的发展，赤水取得了可喜的成绩。

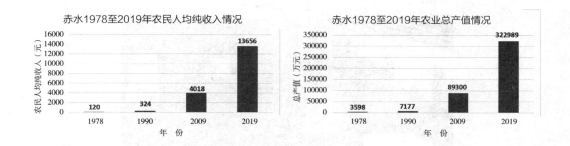

从 1978 年到 2019 年，赤水农业总产值增长近 90 倍，农民人均收入增长 100 多倍。

（二）赤水农业产业化布局取得重大进展

改革开放以来，特别是"十二五"以来，赤水市紧紧抓住国家惠农政策的历史机遇，积极应对宏观调控政策，进一步深化改革，积极发展农业农村经济。走新型工业化、绿色城镇化、农业现代化、旅游产业化生态经济强市新路，农业产业化布局取得新进展。

经过 20 年的发展，赤水农业以市场为导向，不断优化农业产业结构，由以粮猪生产为主转向以经济作物为主，由个体生产转向集约化、规模化经营。在稳定粮食生产的前提下，大力发展种养农业经济，形成了竹子、石斛、花卉苗木、优质水果种植，乌骨鸡为主的家禽、生态水产养殖方兴未艾的良好局面。

1. 竹产业成长为支柱产业

赤水市竹林面积达 132.8 万亩，人均竹林面积居全国 30 个竹子之乡第一位。其中楠竹面积 52.8 万亩，蓄积约 9000 万株，年可采伐楠竹 1200 万株、楠竹笋 3 万吨以上；其他种类竹林面积 80 万亩，蓄积约 300 万吨，年可采伐杂竹 75 万吨、竹笋 2 万吨以上。

依托贵州赤天化纸业股份有限公司、贵州新锦竹木制品有限公司、贵州红赤水生态食品开发有限公司等龙头企业，在竹子管护、砍伐、运输、车间等环节，全市有 20 万人从事竹业生产。竹业综合收入占当地 GDP 总量的 50% 左右，创税收超过 2 亿元，农民收入的 50% 以上来自竹业。宝源乡联华村五组和六组栽种方竹林 8000 亩，年产鲜笋 1050 吨，栽种楠竹 5000 亩，年产笋 250 吨，栽种杂竹 1.2 万亩，年采伐竹原料 8500 吨，竹产业年收入共计 1300 多万元。竹子已经成为赤水富民富市的支柱产业，栽竹、护竹在农村蔚然成风。

赤天化纸业股份有限公司自动化生产线

2. 石斛产业异军突起

赤水是金钗石斛的原产地。从 1997 年开始，赤水实施金钗石斛产业化，基地面积从 200 亩扩大到近 10 万亩，石斛鲜条蕴藏量达 8000 余吨，其产量占全国金钗石斛总量的 90% 以上，赤水成为全国最大的金钗石斛生产基地。

赤水信天石斛中药公司技术员在组培苗室察看石斛幼苗

截至 2020 年，全市有金钗石斛经营主体 42 家，其中省级龙头企业 4 家，遵义市级龙头企业 5 家，开发金钗石斛饮片、胶囊、浸膏等 45 个系列 100 余种产品，形成集种子选育、种苗组培、仿生栽培、采收加工、销售服务于一体的全产业生产链。赤水金钗石斛成功登上央视《每日农经》等栏目，入选"贵州省 100 张优强品牌"，品牌价值达 10 亿元。赤水还成立了首个国家级金钗石斛院士工作站，获得国家发明专利授权 5 项，实用新型专利授权 9 项，金钗石斛产品获国家 GAP、GMP 认证。

3. 生态家禽产业成为脱贫增收轻骑兵

赤水黑羽乌骨鸡是贵州优良的蛋肉兼用型地方品种。因其生长环境独特、遗传资源丰富、产品品质优良，获得国家地理标志产品认证。全市有家禽专业合作社 33 家，其中省级龙头企业 1 家，遵义市级龙头企业 2 家。建成年出栏 2 万羽以上赤水乌骨鸡规模养殖场（基地）112 个，建成标准化养殖棚舍 27 万平方米，发展年出栏 200 羽乌骨鸡养殖大户 900 余户，年出栏乌骨鸡为主家禽 1000 万羽。全市有 4 万农户从事乌骨鸡为主的家禽养殖，户均增收 6000 元左右。

乌骨鸡养殖车间

近年来，赤水市积极推广"林地生态放养＋原粮补饲"乌骨鸡林下养殖技术，既充分利用本地丰富的林地、果园等环境资源，降低养殖成本，又保证了乌骨鸡绿色、健康、纯天然的禽肉品质。全市有竹林、果园面积 140 万亩，生态养殖家禽承载能力达到 2300 万羽。乌骨鸡养殖形成了"企业＋合作社＋农户"的模式，由企业统一提供鸡苗、饲料，统一防疫、管理，统一按合同价回收乌骨鸡成品，经过加工进入消费市场。

4. 生态水产成为消费市场新宠

赤水河网密布，山塘、水库众多，群众一直有用"泡冬田"养鱼的习惯。近年来，赤水市抓住长江流域"共抓大保护、不搞大开发"的历史机遇，以赤水河流域 10 年禁渔为契机，积极与西南大学等高校合作，组织编制了《赤水市水域养殖规划》，《规划》以水库、山塘、池塘、溪流和稻田为重点，发展生态水产养殖。通过采取水库低密度养殖、山塘流水（微流水）内循环养殖和稻田综合种养等模式，累计建成生态水产养殖 2 万余亩，产量近 7000 吨。引进和培育了赤水市月亮湖生态渔业有

限公司、两河口兴发农民专业合作社等龙头企业，以订单生产的方式带动农户发展。目前，全市注册水产类商标6个，获得有机产品认证企业2家5个，省级示范合作社1家、遵义市级龙头企业1家。两河口镇大荣村"竹叶鱼"、丙安镇丙安村"丙安冷水鱼"等生态鱼品牌已经打入川南、黔北消费市场，年销售生态鱼100余万斤。

此外，花卉苗木产业、蔬菜水果产业也在赤水农村迅速发展起来，葫市镇尖山村的苗圃、宝源乡联奉村的花卉、旺隆镇鸭岭村的水果已经形成一村一品，带动当地特色农产业发展起来。

二、工业

赤水工业起步早，覆盖能源、化工、航运、造船、机电、造纸、食品、酿造、竹木加工等行业。

（一）工业发展状况

1949年赤水全县工业总产值47万元，占全县工农业总产值1291万元的3.64%；1970年发展到1100万元，占全县工农业总产值3088万元的35.62%，工业已经成为支撑全县国民经济的重要产业；1980年发展到（包括省属工业）16609万元，占全县工农业总产值19127万元的86.83%；1984年全县工业总产值21460万元，为1949年的457倍。

在赤水的工业发展史上，贵州华一造纸厂、贵州赤天化纸业有限公司、赤水轮船有限公司、赤水石油气矿曾经书写了辉煌的一页，奠定了赤水的工业基础。1978年赤天化建成投产，主要生产合成氨和尿素，年产50万吨，曾被称为"黔北一枝花"，创造了连续30多年盈利的业绩；2008年后，赤天化集团因盲目扩张导致经营困难，2014年赤天化股份公司改制。上述四家省级国有企业对赤水工业发展做出了不可磨灭的贡献。

（二）赤水经济开发区建设

无工不富。为了推进新型工业化，实现后发赶超，2010年10月，赤水竹业循环工业园区成立。2011年7月，经省政府批准，竹业循环工业园区升格为省级赤水经济开发区。开发区位于赤水城区东南部，规划面积12.7平方公里，规划有竹业循环经济园、食药品产业园、酱香白酒产业园、旅游商品产业园、家具产业园和装备制造园。已建成路网 56 千米、标准厂房 210 万平方米,配套设施 55 万平方米,招商入驻企业 211 家,其中规模企业 57 家,园区吸纳带动就业 2 万余人。

园区先后荣获"全国小型微型企业创业创新示范基地""第三批全国创业孵化示范基地""贵州省新型工业化产业示范基地""贵州省第三批清洁生产试点示范园区""贵州省绿色园区"等称号。2020 年园区完成工业总产值 110 亿元,奠定了"二三一"产业结构的坚实基础。

(三)新时代赤水工业发展

"十三五"以来,赤水市确立"生态优先、绿色发展、共建共享"战略部署,重点推动纸制品、竹木家具、绿色食品的"三大产业",完成经济开发区扩区工作。

1. 做强纸制品产业

赤水先后引进竹类加工企业 200 余家,形成了纸制品、竹家具、旅游工艺品等五大产业。赤水经开区采取"政府 + 企业"合作模式,依托赤天化纸业引进下游配套企业,带动育苗—栽竹—护竹—伐竹—运竹等劳务产业,完善竹—纸浆—纸品、竹—纸浆—竹渣—竹肥—竹炭产业链条,建成高效集约的纸制品全产业生产链。

2. 做大竹木家具产业

赤水经开区引进竹木家具企业 115 家,投产 30 家;另外,全市有竹板材加工微型企业近 400 家。贵州新锦竹木制品有限公司、赤水竹韵贸易有限公司等企业在产品研发、加工、推广等方面投入较大,产品丰富,深受市场喜爱。

经开区成品纸包装车间

3. 做精特色食品药品产业

晒醋、石斛保健饮品、石斛药品、酱香白酒、禽肉加工、虫茶等特色食品药品，是赤水的饮食文化名片。近年来，特色食品药品的发展较迅速，一批有远见的企业家紧抓研发和标准化生产，形成了信天石斛、黔老翁晒醋、曾氏晒醋、醋掌门晒醋、桫龙虫茶、红赤水食品、赤水三宝等知名品牌。

三、 旅游服务

赤水得天独厚，自然风光秀丽多姿，旅游资源十分丰富，是丹霞地貌世界自然遗产地。以丹霞、瀑布、竹海、桫椤、原始森林、梯田、赤水河为主的自然风光，与"四渡赤水"红色文化、古镇盐运文化、苗族风情文化著称于世，蜚声中外。

（一）旅游服务产业发展

赤水旅游从 1988 年起步，1999 年开始，从参观接待型旅游过渡到市场旅游，标志着赤水从第一、二产业跨越到第三产业。2001 年，赤水提出发展旅游支柱产业，首次明确了旅游产业地位。遵循"在保护中开发、在开发中保护"的原则，多次修编旅游发展规划，旅游发展做到了人与自然和谐相处。修建旅

游客畅游赤水大瀑布景区

游大环线，提升景区公路等级，完善景区基础设施，依托蓉遵高速、泸州机场和茅台机场，打通旅游市场大通道。

2004 年，赤水实施"三区一湖一河"委托经营，走出了旅游管理体制改革的重要一步；2007 年，"生态立市、旅游兴市、竹业强市"发展战略的提出，确定了旅游产业的支柱地位；2008 年，提出"加快发展文化旅游产业"方针；2010 年，提出"四化一强"全新理念，把"旅游产业化"列为经济社会发展的重要内容，完成《旅游发展总体规划》和大同、丙安等古镇保护与开发规划编制，赤水丹霞成功列入世界

自然遗产名录。赤水文化旅游产业从无到有、从小到大，产业规模逐渐壮大。"十二五"以来，赤水以"加快发展、加速转型、推动跨越"为主基调，做好"山、水、文化"三篇文章，以建设国际休闲旅游城市、打造世界级旅游精品线（地）为目标，加快理顺旅游开发经营体制，推进旅游产业化发展。

2020年末，赤水丹霞旅游区成功创建为国家5A级旅游景区。

（二）重点景区

1. 赤水大瀑布景区

位于两河口镇境内风溪河上游，距市区38千米，由赤水大瀑布及其周围的中洞瀑布、蟠龙瀑布、两河口瀑布、鸡飞崖瀑布等构成，是一个天然的瀑布公园。景区内最著名的赤水大瀑布高76米、宽81米，被专家学者誉为"长江水系第一大瀑布""世界丹霞第一大瀑布"。

2. 四洞沟景区

位于大同镇闵溪河谷，距市区17千米。景区内曲径通幽、翠竹拥溪、峡谷拥翠、飞泉成瀑，特别在一段大约4千米的山溪河谷地段上分布着四级形态各异的瀑布，分别是水帘洞瀑布、月亮潭瀑布、飞蛙岩瀑布和白龙潭瀑布，被旅游专家誉为"没有败笔的景区"。

3. 燕子岩国家森林公园

位于两河口镇风溪河西岸，距市区26千米，总面积16万亩，森林覆盖率达99%，以幽、奇、险著称，景点有"一帘幽梦"、燕子岩瀑布、长寿泉、生命之源、猕猴穴天桥、古竹道等。

4. 竹海国家森林公园

位于赤水市葫市镇，距市区40千米。景区以"竹海"风光为主，有楠竹林10万亩。有"天锣地鼓""八仙树""夫妻树"等自然景观，建有黎理泰纪念园、高架滑道、竹海湖骑行道等。

5. 佛光岩景区

位于赤水市元厚镇，距市区40千米。以佛光岩、五柱峰为主体景观，分别由小金驿、小金驿沟、五柱峰、世外桃源、太阳谷等五大景点构成。

（三）深化旅游供给侧结构性改革

近年来，赤水市深入实施旅游供给侧结构性改革，全力推动"观光游"向"观光＋休闲度假康养体验游"转变，着力构建"全景赤水、全域旅游"新格局，持续实现旅游业井喷式增长，走出了一条"生态优先、绿色发展、共建共享"的新路。

赤水旅游产业的发展，带来了良好的社会经济效益，带动了相关服务行业的发展，拉动了全市第三产业发展，实现产业结构的调整和优化，经济社会更加协调。

持续深化旅游供给侧结构性改革：

一是推出有吸引力的旅游产品，把休闲体验贯穿旅游全过程。例如，策划"四渡赤水抢渡赛""重走红军长征路"等红色文化主题活动，穿越侏罗纪国际山地自行车爬坡赛等赛事吸引游客。推出"四季主题游"，春季推出"丹青赤水行·踏青赏春月""万人踏青老友会游"等活动，夏季推出"民俗风情啤酒节""千人泼水节""大学生音乐节"等活动，秋季推出"转石奇观秋季石斛采摘""元厚镇桂圆林龙眼采摘""黔北四季花香果蔬采摘""河谷音乐节"等活动，冬季举办"奥跑""四渡赤水户外三项挑战赛"等活动。

二是统筹谋划全域旅游大格局、构建便捷的旅游交通网络。突破性地在全国各地建立了12个营销中心，打通了全国营销渠道，定期在兰州、西安、山东、天津、北京等地举办推介会和参加旅游博览会。积极开拓国际旅游市场，定期在欧洲、东南亚举办旅游推介会，定期开展国际留学生交流活动。我市将加快康养旅游发展步伐，以天岛湖、天鹅堡、长江半岛、庙坨半岛康养度假区为依托，盘活全市康养旅游资源，逐步告别旅游"门票经济"。

如今，随着旅游服务产业异军突起，赤水经济结构正从"二三一"向"三二一"转变，一个富裕文明、和谐幸福的新赤水正在赤水河畔崛起。

▶▶▶ 思考与实践

1. 结合所在村镇情况，说一说本地产业布局的特点。

2. 组织一次赤水景区网上浏览活动，了解感知赤水旅游业发展现状，进一步了解旅游服务产业调整的情况。

第二讲　发展优势农牧产业

赤水境内呈"两山夹一沟"地形，地理切割深，无较大的平坝支撑，农耕条件极差，属典型山地农业区。同时，土地肥沃、雨水充裕，非常适合竹子、石斛等经济作物生长，适合乌骨鸡等家禽、生态水产类养殖。

一、竹子产业

中国是一个竹子资源丰富的国家，被誉为"竹子王国"。据初步统计，有竹类植物 40 多属、500 多种，竹林面积 1200 万亩，竹子种类、竹林面积和竹林产量均占世界的三分之一左右。赤水是中国三十大竹乡之一，年产楠竹 1000 万根、杂竹 80 万吨、各类鲜竹笋 10 万吨。

（一）竹产品开发

目前，赤水市在竹加工业方面已拥有 30 多项国家专利，一批具有自主知识产权的竹（笋）综合加工企业蓬勃发展。赤水市新锦竹木制品有限公司生产的"竹王"牌产品多次获得贵州省著名商标和贵州省名牌产品称号，红赤水生态食品开发有限公司的"红赤水"商标被认定为贵州省著名商标，"桫椤妹红油脆笋"和"桫椤妹香辣金针菇"、"维尔美"纸品系列、"极竹堂"竹编产品、"马记"竹扇获得贵州省名牌产品称号，竹雕工艺、竹编工艺、竹扇制作技艺、油纸伞制作技艺等竹工艺入选贵州省非物质文化遗产名录。

产品加工初步形成竹建材、竹装饰板材、竹工艺品、全竹造纸、竹家具和竹笋加工 6 大系列产品 300 多个品种，成为地方主导产业。全市竹业综合收入占赤水市国民生产总值的 50% 以上，财政和农民收入 50% 以上来自竹产业。2019 年，赤水市竹产业综合产值超 80 亿元，创税超过 3 亿元。

1. 竹材制浆造纸

最早在公元前 2 世纪时的西汉初年，纸已在中国问世。最初的纸是用麻皮纤维或麻类织物制造的，由于造纸术尚处于初期阶段，工艺简陋，所造出的纸张质地粗糙，夹带着较多未松散开的纤维束，表面不平滑，还不适宜书写，一般只用于包装。

直到东汉和帝时期，经过了蔡伦的改进，形成了一套较为定型的造纸工艺流程，其过程大致可归纳为四个步骤：第一是原料的分离，就是用沤浸或蒸煮的方法让原料在碱液中脱胶，并分散成纤维状；第二是打浆，就是用切割和捶捣的方法切断纤维，并使纤维帚化而成为纸浆；第三是抄造，即把纸浆掺水制成浆液，然后用捞纸器（篾席）捞浆，使纸浆在捞纸器上交织成薄片状的湿纸；第四是干燥，即把湿纸晒干或晾干，揭下就成为纸张。

汉代以后，虽然工艺不断完善和成熟，但这四个步骤基本上没有变化，即使在现代湿法造纸生产中，其生产工艺与中国古代造纸法仍没有根本区别。在原料方面，魏晋南北朝时已经开始利用桑皮、藤皮造纸。到了隋唐、五代时期，竹、檀皮、麦秆、稻秆等也都已作为造纸原料，先后被利用，从而为造纸业的发展提供了丰富而充足的原料来源。

其中，唐朝以竹子为原料制成的竹纸，标志着造纸技术取得了重大的突破。竹子的纤维硬、脆、易断，技术处理比较困难，用竹子造纸的成功，表明中国古代的造纸技术已经达到相当成熟的程度。唐朝时，在造纸过程中加矾、加胶、涂粉、撒金、染色等加工技术相继问世，为生产各种各样的工艺用纸奠定了技术基础。生产出来的纸张质量越来越高，品种越来越多。从唐代到清代，中国生产的用纸，除了一般的纸张外，还有各种彩色的蜡笺、冷金、错金、罗纹、泥金银加绘、砑纸等名贵纸张，以及各种宣纸、壁纸、花纸等，使纸张成为人们文化生活和日常生活的必需品。造纸术的发明和推广，对世界科学、文化的传播产生了深刻的影响，对社会的进步和发展起着重大的作用。

历史上，存在于沙嵌沟、娄溪沟和莆家沟的火纸生产，解决了当地群众生活用纸的问题。遗存地名"纸厂沟"说明火纸生产曾经很兴旺，这种古法造纸直到 21 世纪初才逐渐消失。1951 年，赤水华一造纸厂的创建开启了赤水境内工业化造纸的纪元，同时，也标志着赤水有了真正意义上的现代工业。

1958 年秋，国家为了支持贵州，把华一造纸厂从重庆异地搬迁至竹林资源丰富、航运基础较好的赤水。次年秋建成投产，当年生产纸张 902 吨。1985 年，华一造纸厂生产纸张达到 5500 吨，由打字纸扩展到胶版纸、凸版纸、胶印书刊纸等 7 个品种，并实现了出口，职工发展到近千人。华一造纸厂的生产原料为竹子，俗称杂竹。赤水本地原来楠竹多，杂竹少，在华一造纸厂的带动下，栽种杂竹的农户越来越多。最多的年份，华一造纸厂收购竹子5万吨，生产纸张1万多吨。在计划经济时代，收购黄竹、慈竹料块成了基层供销社最主要的业务。

2008年，赤天化纸业有限公司年产20万吨竹浆林纸一体化项目投产，再续赤水造纸工业新篇章。经过改制、升级，现在的赤水纸制品产业园区已经具备年产30万吨竹浆、36万吨原纸、30万吨终端纸、6万吨特种纸的规模。

赤天化纸业有限公司是赤水龙头企业，其他造纸企业还有天竹纸业有限公司、汇美佳源纸业有限公司、竹运纸业有限公司、升翔纸业有限公司等。

2. 竹板材、竹家具

目前，全市从事竹板材、竹家具生产的企业有贵州新锦竹木制品有限公司、竹韵贸易有限公司、青禾竹业发展有限公司等。其中，贵州新锦竹木制品有限公司是最早从事竹板材、竹家具生产的企业之一。贵州新锦竹木制品有限公司成立于1993年，主要生产碳化全竹地板、本色全竹地板、竹家具、竹菜板、竹工艺品等"竹王"牌系列产品，品种多、规格全。

贵州新锦竹木制品有限公司产品展示厅一角

贵州赤水竹韵贸易有限公司，是专门以竹、木、藤等材料加工生产家具产品的企业，产品包括竹桌子、茶几、竹椅子、竹凳子，竹饭瓢、竹筷、楼梯等。

青禾竹业发展有限公司是2016年入驻赤水经开区的企业，主要从事竹制品、木制品、竹木复合制品、人造板、集装箱胶合板、集装箱等产品的配件的生产，以及集装箱设计、研究、制造、销售。以竹代木，竹产品加工符合低碳、绿色、环保的理念，前景十分广阔。

3. 竹笋加工

竹笋加工是赤水进军现代食品业的标志。目前，赤水已经建成加工、保鲜、仓储、物流一体的竹笋加工市场体系，代表企业有红赤水生态食品开发有限公司、黔源笋业有限责任公司等。

红赤水生态食品公司仓储库房一角

贵州红赤水生态食品开发有限公司成立于2005年6月，占地210亩，拥有标准化厂房8万平方米，并有全国领先的智能化流水生产线；注册商标43个，获得授权专利32个，生产200多个味道独特的单品，拥有"红赤水""桫椤妹""自然传奇""艾园"四大品牌。长期以来，公司专注绿色、生态、有机天然食品的研究、开发、生产和销售，迅速发展成为集研发、生产、销售和推广为一体的特色休闲原生态食品企业，与百草味、良品铺子、来伊份、自然派、上海众恒、拉面说、绿叶集团、老婆大人等品牌商家一直保持友好合作关系，产品出口至美国、新加坡、日本、马来西亚等国家，在淘宝、天猫、京东、拼多多等线上电商平台均有销售，形成了线下和线上电商同步发展的销售网络。2016年4月启动"红赤水食品产业园区"，着力打造以工旅结合、观光体验、园区购物为特色的国家级生态食品产业园。

4. 竹编工艺品

赤水竹编是当地劳动人民长期劳动实践的成果，与生活息息相关，是实用性的生产生活工具。传统的竹编有背篼（稀背篼、米背篼、娃儿背篼）、箩篼、斗腔、簸箕、笤箕、米筛、竹席（围席、坦折、晒席、凉席）、提篮、竹扇、箪、竹篱笆、竹籐箱等。现代竹编工艺品有背篼、笤箕、果篮、茶具外套、女式提包、竹编字画屏风等。

赤水竹编非物质文化遗产第六代传承人杨昌芹在教授工艺

赤水竹编是省级非物质文化遗产。第五代传人陈文兰创立了文兰平面工艺竹编，第六代传人杨昌芹在继承平面竹编工艺的基础上，创立了立体工艺竹编，丰富了赤水竹编文化的内涵。杨昌芹创立了"极竹堂"竹编品牌，产品深受消费者喜爱。

5. 竹刻（竹雕）工艺品

赤水根雕历史悠久。20世纪80年代集体企业赤水扇庄，让赤水竹扇扬名全国。赤水根雕多以楠竹根、楠木根为原料，产品有竹简、乐器、笔筒、茶叶筒、竹雨伞、竹尺子、茶几等。

卢华英是赤水根雕的领军人物，创立了神雕工艺美术公司。卢华英继承了东阳木雕技法，注重人物肖像刻画，开辟了赤水木刻浮雕的新境界。

6. 竹林菌类

（1）竹荪。又名竹笙、竹参，是寄生在枯竹根部的一种隐花菌类，被人们称为"雪裙仙子""真菌之花""菌中皇后"。竹荪香味浓郁、滋味鲜美、营养丰富，自古就被列为"草八珍"之一，具有滋补强壮、益气补脑、宁神健体、补气养阴、润肺止咳及清热利湿等食疗功效。20世纪80年代，赤水种站在四洞沟进行人工培养竹荪研

究，取得成功。2000年后，赤水已有规模化种植菌类基地，产量可观。

（2）竹燕窝。生长在南方温暖湿润气候的慈竹林，夏秋季节，嫩竹被一种虫啃食，伤口处生长出一种外形像苔藓的菌类。其主要成分是蛋白质，富含氨基酸、维生素、生物碱、果胶等，一般用于清炒或炒鸡蛋，口感极佳，因生长稀少，俗称竹燕窝，市场价约每千克60元。

7. 其他竹林经济项目

竹炭：是以三年生以上高山毛竹为原料，经近千度高温烧制而成的一种炭。竹炭具有疏松多孔的结构，其分子细密多孔，质地坚硬，有很强的吸附能力，能净化空气、消除异味、吸湿防霉、抑菌驱虫。与人体接触能去湿吸汗，促进人体血液循环和新陈代谢，缓解疲劳。经科学提炼加工后，已广泛应用于日常生活中。

杨贵妃从竹节里取酒

竹子酒：是将酱香型白酒注射到楠竹竹节里，经过3～5个月吸收竹子养分形成的特色酒。竹子酒色微黄、味甘洌而含竹子馨香。宝源乡回龙村杨贵妃创建的"贵醉竹酒"品牌，其竹子酒就是采用的这种再加工方法制作而成。竹子酒需采用三年生以上楠竹，每株竹间隔取3～5节贮藏。

（二）竹产业发展前景

1998年，国家实施长江上游天然林资源保护工程。2001年，赤水被列入退耕还林工程试点县，大力实施退耕造竹工程，经过近二十年的建设，竹林面积稳定在130万亩左右。2010年，赤水实施"百万亩商品竹林培育"及丰产林抚育工程，由追求竹林面积开始向提质增效转变。

竹子是工业产品的原材料。贵州赤水市经开区开辟了竹循环经济工业园，涵盖杂竹原料切片加工、散装竹箱板加工、竹筷竹牙签竹棉签包装加工、竹家具及板材制品加工、竹纤维纸制品加工、竹笋烟熏加工、竹笋鲜品加工、竹旅游工艺品加工。

竹子覆盖一、二、三产业，是可再生资源，"以竹代木、以竹胜木"保护了森林资源。当前，对竹子的认识和利用处在幼年成长期，还有很大的潜力等待发掘，因此竹产业是一个可持续发展的朝阳产业。

▶▶▶ 思考与实践

1. 组织一次基地造竹实践活动。

2. 参观竹循环经济工业园区，说说开发竹木新产品的设想。

二、 石斛中药产业

（一）石斛栽种

1. 栽种历史

石斛，又名吊兰花，扁黄草，多年生草本植物，生在高山的岩石或大树上。以茎入药，鲜品或炮制均可，具有养阴益胃、生津止渴等功效。其中，赤水金钗石斛作为我国国家地理标志保护产品，素有"千金草""千年润"之称，被国际药用植物界称为"药界大熊猫"。

（1）野生资源丰富时期。

据《赤水县志》记载：赤水野生石斛资源十分丰富，解放前，常年收购数量在240～300吨，主要销往成都、重庆、上海等地。

（2）资源破坏、濒临灭绝时期。

在20世纪60年代初的三年困难时期还未结束时，又受人民公社"一大二公"以及"以粮为纲"等思想的影响，人们资源保护意识差，石斛资源遭到毁灭性的人为破坏，导致野生石斛变得寥寥无几，濒临灭绝。

（3）政府重视、规划发展时期。

1996年初，赤水把金钗石斛作为产业发展，从传统栽培200余亩起步。1997年成立赤水市石斛生产领导小组，把石斛产业作为调整农村产业结构的一项支柱产业来抓。2003年引进了赤水信天中药产业开发有限公司，攻破组培苗繁育技术，解决种苗瓶颈。到目前为止，按照"公司＋专业合作社"运作模式，重点突破"基地建设、科技推广、加工销售"三个环节，初步形成了"科学化规划、规模化发展、基地化建设、集约化栽种、标准化生产、规范化管理、产业化经营、市场化运作"产业建设体系。现在，全市建成金钗石斛育苗基地400亩，原生态种植基地9.22万亩，带动1.37万户4万余人参与产业发展。

2. 生长特性

金钗石斛对生长环境要求苛刻，对大气、土壤、灌溉水要求高；怕严寒，喜温暖、湿润及阴凉环境；生长期年平均温度在18～21℃，1月份平均温度在8℃以上，无霜期在300天以上；年降水量在1000毫米以上，相对湿度在80%以上。多生长在半阴半阳的地方，附生于布满苔藓植物的山岩石缝或多槽皮松的树上。

（二）石斛栽培田间管理

1. 场地选择

金钗石斛喜温暖、湿润、阴凉的环境，遮阴条件是决定种苗移栽成活的关键。所以在选择场地时，主要考虑阴凉、湿润的环境。这就要求种植区域要有自然遮阴树，并且遮阴度应达到55%～70%，相对湿度在75%～80%的适宜区域。部分场地若遮阴达不到要求，可先种植遮阴树或挂90%遮阴率的遮阳网，否则种苗会被灼伤，易造成干枯、脱水甚至死亡。

2. 场地整治

将选择好的场地，提前清除灌丛杂草、枯枝落叶、泥土。在清理杂草灌丛时注意不要掀起石面上的苔藓，使场地保持整洁清爽。

3. 栽种方法

金钗石斛栽种分春秋两季，以每年3—5月为宜，9—10月次之，按30厘米×

30厘米的密度种植。将栽苗点局部的苔藓抠掉，再将苗的根须、基部贴于石面用线卡固定好，让根系自然伸展。用线卡固定时，应卡在种苗主茎（粗茎）基部以上1.5厘米～2.5厘米处，同时注意不要卡住嫩芽和损伤植株，使种苗稳固于石面。若线卡固定在植株的基部，则会捂住或盖住基部，注意植株的基部应露于外，否则会严重影响基部萌发新芽和新根。

丙安镇艾华村兰溪石斛基地

4. 田间管理

（1）水分管理：在连续干旱、缺水、根系干燥的时候，都应给种苗浇水；冬季和雨水较多的季节，可不浇水。注意在高温季节浇水时，要在清晨和傍晚（一般在上午10：30前，下午5：30后）石面较凉时再浇水，切忌正午太阳最盛时浇水，否则会灼伤植株。浇灌方式有管淋、喷雾、瓢泼、浇施，不宜采用沟灌。浇灌程度以基质全部湿润、叶片滴水为度。金钗石斛切忌淹水，水分不宜过多，否则易造成烂根、烂苗直至死亡。

（2）光照管理：金钗石斛是阴生植物，光照过强或过弱对其生长均不利，以55%～70%的遮光度为宜。光照过弱时，节间长，茎秆较纤细，叶片较长而相对薄弱，叶色较深而无光泽；光照过强时，节间较短，叶片较小，且伸展角度小，有的叶片会出现卷曲，生长受到抑制；光照适中时，茎秆粗壮，叶片肥厚，新生根较多，生长态势良好。光照不合适时，要进行人工调节。其具体办法如下：选择落叶阔叶树做遮阴树，当遮阴树还达不到遮阴条件时，应及时加盖遮阳网或搭建遮阴篷遮阳；当光照遮阴过度时，应适当修剪遮阴树枝，修剪遮阴树枝时应注意多透朝阳、夕阳，严遮午阳，防止阳光直晒种苗。此外，还应特别注意：栽种场地若竹林过多或用竹林遮阴，竹林常掉叶覆盖植株，影响植株的透水、透气性和光合作用；且新鲜竹叶为弱碱性，对石斛生长极为不利。因此，应定期清理竹叶，并在竹林遮阴区域，栽种阔叶树，逐步取代竹林遮阴。

（3）施肥管理：早春和早秋发芽前施用分蘖肥，石斛春芽发齐后施用壮苗肥，秋芽发齐后施用越冬肥。追肥选用600倍多元素复合肥，或1000倍磷酸二氢钾＋沼液混合肥叶面喷施；因施用某种肥料造成污染或者影响生长和质量时，必须停止使用该肥料。施肥最佳时间是晴天的傍晚或清晨，植株采收前2个月应停止施肥。

（4）中耕除草：每年要拔除杂草2~3次。将根际周围的泥土、枯枝落叶清除干净，特别是多雨季节，大量腐叶、浮泥对根的透气影响很大，必须随时清除。注意两点：一是高温季节不宜除草，以免暴晒，不利生长；二是清理杂草和树叶时，不要伤根、动苗，否则会影响石斛的生长和产量。

（5）整枝修剪：石斛栽种后，若生长环境适合，管理得当，3~4年后可进入丰产盛期。在每年春季萌芽前或冬季采收时，将部分老茎、枯茎或部分生长过密植株剪除，调节其透光程度，促使石斛生长健壮。

（6）病虫害防治：遵循预防为主、综合治理的原则，从安全、经济、有效的角度，因地制宜，综合运用农业、生物、物理的措施进行防治。禁止使用剧毒、高毒、高残留和具有"三致"（致癌、致畸、致变异）毒性的农药。

（三）石斛产品开发

传统中医运用金钗石斛清热解毒、明目亮眼、止痛养血、调和五脏、易筋壮骨。现代医学研究证明，金钗石斛具有治疗心脑血管、消化系统和呼吸系统、眼科及"三高"疾病的功效。国家药典著称，金钗石斛益胃生津、滋阴清热，用于热病津伤、口干烦渴、胃阴不足、食少干呕、阴虚火旺、骨蒸劳热、目暗不明、筋骨痿软等。最新研究成果表明，金钗石斛含有独特的石斛碱成分，具有调节血糖、降血压、增强免疫、抵御病毒入侵、阻碍流感病毒复制、抗流感及抗炎作用。

石斛用途广泛，产品开发较早，可广泛用于药品、保健品、化妆品、日用品等。以石斛为原料的成药产品141种、保健品140余种、化妆品3000余种，列入医保名录的有6种，分别为脉络宁颗粒、脉络宁口服液、脉络宁注射液、石斛夜光丸、石斛明目丸、石斛夜光颗粒。我市金钗石斛产品开发较晚，目前，已开发了金钗石斛花，金钗石斛中药饮片，金钗石斛粉，金钗石斛酒，金钗石斛醋，金钗石斛浸膏、牙膏、面膜、香皂等15个系列40余个产品，正在申报金钗石斛含片等保健品。

工人在挑选新鲜石斛花加工

（四）石斛产业发展前景

石斛作为重要的中药材、保健品原料和观赏植物，其用途广泛，开发利用历史悠久，市场需求量一直较大，且在不断增长。

1. 药用（保健品、化妆品）市场

石斛药用久负盛名。据调查，全国中药材专业市场17家，全国中医类卫生医疗机构54243个、中医类研究机构45个、中医类诊所数量47214个，以石斛为成分的成药产品141种，使用石斛的生产企业183家，如金陵药业股份有限公司、葵花药业集团（贵州）宏奇有限公司、上海佰草集化妆品有限公司、上海百雀羚日用化学有限公司等知名企业用金钗石斛为主要原料生产药品、化妆品、日用品等。从调查情况看，目前全国制药企业对石斛的年需求总量为1.5万吨，目前供应市场的石斛主要从泰国、越南、老挝等东南亚国家进口野生石斛资源，但品种混杂，给制药企业生产带来极大隐患，且越南等国家野生石斛资源也处于濒危状态。因此，金钗石斛开发利用价值高，市场前景广阔，发展潜力巨大。经检测，赤水市金钗石斛在石斛碱、多糖等指标含量上，均优于其他石斛品种，具有很强的市场竞争力。

2. 花卉市场

金钗石斛除药用价值外，还具有较高的观赏价值，其花姿优美，艳丽多彩，花期较长，气味芳香，称为石斛兰，备受各国人民喜爱。据有关资料统计，日本是石斛兰最大的进口国，1993 年市场销售 230 万盆，销售额为 2800 万美元，占盆栽花卉的第六位。近年来，石斛作为观赏植物发展迅速，已形成独立产业。我国规模化生产石斛主要从 20 世纪 90 年代初才开始，虽然起步晚，但发展速度很快，在盆花和切花生产方面具有较大的市场前景，特别是随着世界花卉市场的拓展，石斛还将在国际花卉市场上占有重要地位。我市旺隆镇鸭岭村百斛园专门生产盆栽石斛，线上推广销售，深受消费者青睐。

金钗石斛花

3. 建设石斛生态观光体验园

金钗石斛花期为 4 月中旬至 5 月中旬，花色鲜艳，气味芳香，极具观赏价值。科学规划建设农旅一体化石斛生态观光园，具有很大的市场潜力。我市复兴镇凯旋村依托 2000 亩石斛基地，修建的 1000 米步道穿过丹霞奇石园，建成金钗石斛生态观光园，每年接待游客 10 万人次。

"十四五"期间，我市将改造老基地 5 万亩，新建基地 2 万亩，建设旺隆金钗石斛特色小镇 1 个、金钗石斛现代化观光园 3 个、石斛体验园 1 个，到 2025 年石斛基地面积达 12 万亩以上。培育经营主体 50 家以上，实现综合产值 100 多亿元。

游客在凯旋村张家湾石斛仙草园体验采花之乐

▶▶▶ **思考与实践**

1. 垒石栽培金钗石斛是本地药农的发明，请联系实际说说垒石栽培的益处有哪些。

2. 考察旺隆镇鸭岭村百斛园农旅项目，策划制作一期短视频，或进行一次网上直播，推销金钗石斛盆景及相关产品。

三、 乌骨鸡家禽养殖产业

（一）乌骨鸡养殖

赤水乌骨鸡又名竹乡鸡，具有喙、冠、肉垂、耳叶、胫、爪、皮、骨、内脏和腹膜等"十乌"特征。据《仁怀直隶厅志》记载，赤水乌骨鸡已有260多年的养殖历史，是长期选育而形成的贵州省地方优良鸡种。据贵州科学院测定：赤水乌骨鸡含有18种氨基酸，总量为36673.38毫克/100克，为普通鸡20163毫克/100克的1.82倍以上。乌骨鸡含有的人体必需氨基酸总量为14253.98毫克/100克，为普通鸡9380克的1.52倍；还含有人体必需的镁、锌、铁、锰等多种微量元素，长期食用赤水乌骨鸡具有明显的抗疲劳、提高耐缺氧和抗衰老、提高免疫力的作用，对人体具有很高的营养滋补和药用价值。

赤水竹乡乌骨鸡

（二）赤水乌骨鸡林下生态养殖技术简介

赤水乌骨鸡采用"林地生态放养＋原粮补饲"方式进行养殖。该技术是根据赤水乌骨鸡生长特点和当地自然环境条件创新的一项生产技术，充分利用了赤水丰富的林地、果园等环境资源，实现种植与养殖相互促进的目的。因此，林下养殖乌骨鸡具有投资少、见效快、效益高的特点；同时，既能提高乌骨鸡的生长速度，又能保持乌骨鸡肉质细腻、营养价值高、风味独特等特点，确保了产品的绿色、健康、纯天然。赤水乌骨鸡林下生态养殖技术已经获得国家发明专利。

1. 雏鸡饲养管理

雏鸡指 0～60 日龄左右的鸡。雏鸡出壳后身体小，绒毛稀短，散热快，体温调节差，需在饲养管理中采取相应措施为雏鸡提供适宜的环境。育雏方式可采用地面垫料平养育雏和专业育雏笼育雏。

2. 林下放养饲养管理

放养场地要宽阔，不积水，有围栏，有遮阴条件；放养密度每亩林地按照 50～100 羽投放，每群鸡以 500～1000 羽为宜；有条件的可采用分区轮牧的方式放养，周边要设置 1.5～2 米高的围栏，防止逃逸；场地内必须合理设置喂料、饮水设施；鸡群按公母和强弱分群进行放养。补饲可用农家原粮（自家生产的饲料原料），如红薯、稻谷、玉米、洋芋、糠麸等，每天早晚各补饲 1 次。为提高原粮饲料的消化利用率，块茎类以熟化补饲为宜，红薯、洋芋熟化后可拌上青料或米糠进行饲喂。放养过程中要注意气候突变和雨天管理，及时收管，防止乌鸡发生感冒等呼吸道疾病。

元厚镇五星苗寨一农户在喂养乌骨鸡

3. 疫病防控

（1）消毒：圈舍及养殖场周边环境应每周至少进行一次带鸡消毒，定期对料盘、料桶、饮水器进行清洗消毒，常用消毒药有过氧乙酸、新洁尔灭、百毒杀等。

（2）传染病的预防：1 日龄颈部皮下注射马立克氏病疫苗；3～5 日龄滴眼鼻各一滴新支二联苗；7 日龄滴眼鼻各一滴鸡传染性法氏囊病灭活疫苗；14 日龄肌注新城疫Ⅳ系疫苗；26～28 日龄滴眼鼻各一滴鸡传染性法氏囊病中等毒力活疫苗（K85 株）；28 日龄肌肉注射鸡新城疫疫苗；35 日龄滴眼鼻各一滴鸡传染性喉气管炎弱毒疫苗；35～40 日龄颈部皮下或胸部肌肉注射 H5 亚型禽流感灭活疫苗 0.5 毫升。

（3）球虫病的预防：15～45 日龄是鸡球虫病高发期，必须选用球克氨、爱美清或速安等药物实施 1～2 次预防；放养 1 个月左右要进行第 1 次驱虫，相隔 1 个月再进行第 2 次驱虫。每次连续用药 4～5 天，用药时一定要仔细将药物与饲料拌均匀，防止发生药物中毒；用药后要检查鸡粪是否有虫体排出，如发现鸡粪里有成虫，要把鸡粪清理干净，次日晚上用同等药量再驱虫 1 次。

（4）疾病的预防：遇天气突变可选用阿莫西林、氟苯尼考、大蒜汁等药物，预防用药 2～3 天；日常可以用柴胡、苦蒿、折耳根、金银花等清热解毒中草药拌料或煨水进行饲喂，提高鸡的免疫和抵抗力。

（5）药物使用：药物的剂量和方法，根据产品使用说明书进行，严禁大剂量使用药物；禁止使用国家相关部门公布的禁用药物；严禁人药兽药和使用过期药。严格按照要求执行休药期制度，停药时间达到休药期后才可上市销售。

（三）生态家禽产业发展前景

赤水乌骨鸡是贵州省地方特色家禽品种，经多年选育已培育出赤水乌骨鸡黑羽、绿壳蛋、白羽3个品系，特别是赤水乌骨鸡黑羽、绿壳蛋2个品系，纳入了省大力发展两鸡两蛋的推荐品种范围，面向全省进行推广。赤水乌骨鸡传统饲养周期长，散养一年可出栏两批，煲汤味道鲜美，所产绿壳蛋深受消费者喜爱。通常情况下，成鸡售价为13~16元/斤，利润为10~20元/羽，绿壳蛋为1.2~1.5元/枚，利润为0.5~0.8元/枚，市场前景十分广阔。

赤水乌骨鸡养殖场是最早从事乌骨鸡规模养殖的企业，从2003年开始养殖乌骨鸡，认定乌骨鸡具有差异化竞争优势。为了保证乌骨鸡的繁殖优势，企业花七年时间对乌骨鸡种进行提纯，并做到五代内不能近亲繁殖；建立种鸡繁育场，将乌骨鸡养殖由散户过渡到规模化。根据市场需求，企业还探索示范乌骨鸡林下养殖模式，在家禽市场开设乌骨鸡肉蛋直销店，实现产销结合，推动乌骨鸡产业发展。

▶▶▶ 思考与实践

1. 组织学员参观位于天台镇的赤水乌骨鸡养殖场，写一篇以创业为主题的感想。

2. 考察贵州奇垦农业开发有限公司，谈谈怎样推动"龙头企业＋合作社＋农户"的合作模式，把乌骨鸡产业做大做强。

四、生态水产养殖产业

（一）赤水市水产养殖种类

赤水已试养（在养）的水生动物有棘胸蛙（石蛙）、黑斑蛙、青蛙、牛蛙、美蛙，罗氏沼虾、日本沼虾（青虾）、斑节对虾（草虾）、南美白对虾、小龙虾，大鲵（娃娃鱼），龟、鳖，蟹，水蛭（蚂蟥），青鱼、草鱼、白鲢、花鲢、鲤鱼、鲫鱼、鳊鱼、鲂鱼、岩原鲤、中华倒刺鲃（青波）、白甲鱼、云南光唇鱼（红尾子）、大口鲶、黄颡鱼、黄鳝、泥鳅、胭脂鱼、长薄鳅、乌鳢、鳜鱼、斑点叉尾鮰（沟鲶）、圆口铜鱼、丁鲅鱼、大鳞鲃鱼（淡水鳕鱼）、尼罗罗非鱼、革胡子鲶、短盖巨脂鲤（淡水白鲴)、鲟鱼、三文鱼、虹鳟鱼、裂腹鱼等40多种。

（二）淡水鱼类池塘养殖技术要点

淡水鱼类养殖是将鱼种投放到淡水水体并加以一定的饲养管理，或对水体中的鱼类进行繁殖和保护，从而获得高产的生产方式。

1. 养殖方式

（1）根据养殖鱼类对水温的要求分类：温水性鱼类养殖，一般适温为15～30℃，如鲤鱼、草鱼、鲢鱼、鳙鱼、鲫鱼、团头鲂等；冷水性淡水鱼类养殖，一般适温为10～20℃，如虹鳟鱼、细鳞鱼等；热水性鱼类养殖，一般适温为18～30℃，如尼罗罗非鱼、短盖巨脂鲤等。

（2）根据养殖水体条件，养鱼种类和规格、水域类型及养殖措施，淡水鱼类养殖又分为如下养殖方式：

①静水养鱼和流水养鱼。

②单养、混养和套养。

③池塘养鱼、稻田养鱼、河道养鱼、湖泊养鱼、水库养鱼、网箱养鱼、围网与围栏养鱼、工厂化养鱼等。

④粗养、半精养、精养等。

2. 池塘养鱼

（1）特点：池塘养鱼是我国最主要的淡水养鱼方式，目前产量约占淡水养鱼总产量的60%以上，具有投资小、收益大、见效快、生产稳定等特点。

（2）鱼池条件

面积：成鱼池5～10亩；亲鱼池，鱼苗、种池3～5亩。

水深：成鱼池2～3米；鱼苗池、孵化池1～1.5米；鱼种池1.5～2米。

水质：水源充沛、水质良好。

底质：最好是壤土、沙壤土，其次是黏土。

（3）准备工作

休整池塘：清除池底杂草、杂质，平整池塘。

土法清塘：冬季排干水，通过池底冻结、干燥、暴晒来清除敌害，改良底质。

药物清塘：可用生石灰或漂白粉。

注水育质：池塘消毒投足基肥后，逐步注入新水，培育水质。

（4）鱼种放养

放养大规格鱼种是池塘养鱼的一项高产措施，大规格鱼种具有抗病力强、成活率高、生长迅速的特点。草鱼一般应放养 100～250 克/尾的鱼种；鲢鱼、鳙鱼一般放养一龄鱼种，规格为 12～18 厘米；其他如鲤鱼、鲫鱼、团头鲂等都放养一龄鱼种，规格为 12～14 厘米左右。池塘养鱼密度宜偏稀。

（5）饲养管理

养殖的最终目的是获得最大的利润。最大的利润是通过维持生产成本与鱼种的质量和数量，饲料的质量和投喂量、环境质量之间的平衡来取得的。科学的饲养管理具体可概括为以下几点：

①每天巡塘，观察池塘中鱼群动态。每天早、中、晚巡塘，黎明前观察鱼群有无浮头现象，浮头的程度如何；日间可结合投饵和测水温等工作，检查鱼群活动和吃食情况。在高温季节，天气突变时，鱼类易发生严重浮头，应在半夜前后巡塘，及时制止浮头现象，防止泛池；及时除污，保持水质清澈和池塘环境卫生。

②防除病害。掌握池塘注排水情况，保持适当水量，防涝抗旱，防止逃鱼。可10～15天注水一次，以补充蒸发消耗，使鱼类有充裕舒适的活动空间和良好的生活环境。

③定量投喂。根据天气、水温、季节、水质、鱼类生长和吃食情况，确定投饵量。

④合理使用增氧机、投饵机等渔业机械。注意维修保养和用电安全；关注市场行情，及时安排出塘，有条件的地方可搞好轮捕轮放。

⑤做好池塘日常记录和统计分析。具体包括如下几个方面：鱼种放养和计划收获、实际收获记录，投饵施肥记录，水质管理和鱼病记录，经济效益分析。

以上是池塘养鱼技术要点，可用八个字概括：

水：有充足水源、良好水质、适宜水温、宽敞水面。

种：有优质的品种、体格健壮的大规格鱼种。

饵：有营养全面的人工配合颗粒饲料。

密：以适宜的密度获得较高的产量。

混：多品种、多规格搭配混养。

轮：搞好轮捕轮放，及时捕大留小。也可轮作，即上茬养成鱼，下茬养鱼苗。

防：认真做好防病治病工作，切实贯彻"无病先防、有病早防、防重于治"的原则。

管：精心的日常饲养管理。

（三）生态水产养殖的市场前景

从全球范围看，水产品是继谷物和奶类后人类食物蛋白质的第三大来源，水产品富含的氨基酸、维生素和矿物质在数量和比例上更符合人体需求。因此，随着国民生活水平的提高，越来越多的人开始把营养性需求作为食品消费的第一选择，水产品消费比重的快速上升也就是大势所趋。目前，全球人类年均消费水产品约4800万吨，其中45%源自养殖。预计到2030年，全球再增加20亿人口时，即使人均消费水产品量维持不变，全球人类年均消费水产品也将达到8500万吨。而传统捕捞渔业已达到最大产能，天然资源也正在加速衰退，因此，加快发展水产养殖业，才是填补水产品供需缺口的唯一途径。

山塘养鱼捕捞

20世纪80年代以来，随着养殖技术的进步和生产规模的持续扩大，我国水产品逐步由卖方市场步入了买方市场。如今，水产品结构性过剩现象严重，常规水产品低迷滞销，有机、绿色及特色水产品供不应求，特别是"野生热""野生贵"现象普遍。居民高价追求"野生"的背后，折射出常规产品存在品相差、质量不佳、安全可信度不高的现实。近年来，我市渐渐兴起高山活水养鱼模式，利用溪沟天然水源，选石滩地建池，投放塘养成鱼清水喂养，半年后再上市销售。因水温较低，当地人称之为"透水鱼""冷水鱼"。其鱼质细嫩，深受市场欢迎，价格也比普通塘鱼高出三倍左右。规模较大的有两河口镇黎明村黄莲沟、盘龙村，大同镇天桥村的冷水鱼养殖场。

随着农业供给侧结构性改革的深入，渔业发展将更多地依靠产业结构调整和技术进步，渔业经济增长将从量的扩展转变为质的提升，发展空间将由传统种养结构和习惯向种养结合、产业融合、绿色高效转变。具体来说，大力发展名优水产品，满足市场个性化需求；着力转变生产方式，限制湖库投肥精养，拓展稻田综合种养，开发山塘活水养殖；同时，借助"互联网+""全域旅游"平台，打造渔业发展新业态，提升产业附加值。

长江流域十年禁渔，给生态水产养殖提供了历史机遇。赤水遍布 342 条大小河流，水源十分丰富，发展生态水产养殖大有作为。

▶▶▶ 思考与实践

1. 赤水当地人把山泉水养鱼俗称"冷水鱼"，即采购鱼塘商品鱼投放到泉水池，饲喂青草半年以上再投放市场，鱼质显著提高，深受消费者欢迎。请根据自有山地条件，拟一份冷水鱼养殖规划。

2. 组织参观两河口镇高山冷水鱼养殖场，谈谈修建鱼池的技术要点。

五、 乡村旅游产业

乡村旅游是全域旅游的主要内容，是我国旅游发展的新热点，是最具潜力与活力的旅游板块。当前，乡村旅游已超越农家乐形式，向观光、休闲、度假复合型转变，并且进入创意化、特色化、精致化发展新阶段。

（一）乡村旅游的形态

1. 国家农业公园

国家农业公园是乡村旅游的高端形态，可以是一个县、市或多个园区相结合的区域，也可以是一个单独的大型园区。包括传统农耕文化展示区、现代农业生产区、民风民俗体验区，集农业生产、农业旅游、农产品消费为一体，以解决"三农"问题为目标的现代农业旅游区。

2. 休闲农场/休闲牧场

休闲农场是指依托生态田园的自然乡村环境，在一定便捷范围，以当地特色农业资源为基础，向城市居民提供安全健康的农产品和满足都市人群对品质乡村生活方式的参与式消费需求，集生态农业、养生度假、休闲体验、科普教育等功能为一体的新型农业产业综合体。

3. 乡村营地/运动公园/乡村公园

乡村营地是随着自驾游、户外探险的兴起而出现的户外帐篷营地。

4. 乡村庄园/酒店/会所

乡村庄园是以养生度假生活为突出特点的高端旅游业态，以田园诗般的村落和民居或四合院著称。

5. 乡村博物馆/艺术村

乡村博物馆选定民居、古村落、古街巷进行保留、保护和维修利用，形成综合性、活态化的博物馆。

6. QQ 农场/周末农夫

QQ 农场是指农民提供耕地，由城市居民出资租赁并参与耕作，收获的农产品为城市居民所有，其间享受农耕劳动乐趣的一种生产经营形式和乡村旅游形式。

7. 农业科技园

农业科技园立足农业优势产业，探索现代农业发展新路径，突出科技引领和示范带动作用，引进科技化和智能化项目，发展高科技农业。

8. 乡村民宿

乡村民宿是利用自用的住宅空间，结合当地自然生态和人文环境为游客提供住宿，让游客体验到当地的风情民俗和主人的热情。民宿发源于英国，后在中国台湾、日本迅速发展。民宿在设计上强调舒适、精致、创意，一般有农园民宿、传统建筑民宿、景观民宿、艺术文化民宿、乡村别墅、木屋别墅等。

9. 采摘竹篱

采摘竹篱是以高品质果园、蔬菜园为核心，兼顾休闲观光，满足游客享受、体验

采摘乐趣的观光农业模式。

10. 生态渔村

生态渔村是以区域生态水产养殖为整体打造的休闲观光园，集渔获、美食、休闲为一体的庄园。

（二）赤水乡村旅游发展概况

1. 乡村旅游发展历程

赤水乡村旅游发展大致经历了三个阶段：一是粗放发育阶段（2000—2005年），赤水旅游逐渐升温，大量游客进入赤水，旅游公路沿线慢慢兴起"农家乐"；二是引导发展阶段（2006—2010年），依托"四在农家"建设，对"农家乐"改造升级，扩大经营范围，接待外来游客住宿、娱乐，催生了乡村旅舍、农家KTV等新载体；三是提质增效阶段（2011年至今），按照"市场化、差异化、规范化、特色化"的要求，大力培育乡村旅游新业态，休闲度假山庄、露营基地等应运而生。

2. 乡村旅游发展现状

目前，全市乡村旅游较为成熟的示范点有14个，其中有11个乡村民营景区：望云峰景区、白马溪景区、转石奇观景区、张家湾露营基地、黔北四季花香、红石野谷景区、生命谷景区、戈千崖景区、白云山景区、红岩洞天景区、丙安兰溪景区；3个乡村旅游点：大石盘苗寨、五星苗寨、张家湾。

（三）打造乡村旅游2.0版

赤水拥有丹霞地貌世界自然遗产地、"四渡赤水"红色旅游精品旅游路线、赤水河古盐道等民俗人文风光，旅游资源得天独厚，具备乡村旅游理想的发展环境。但从实际来看，赤水的乡村旅游还处在低水平发展阶段，缺乏吸引力，急需提档升级才能适应旅游市场的发展。

乡村旅游建设离不开科学规划，要合理布局生态保护空间、旅游体验活动空间、生活接待空间，如果规划不当，就会成为败笔，甚至造成不可逆转的损失。新奇、猎奇是游客探索新事物的普遍心理，布局乡村旅游要避免同质化，体现差异化，即在一定区域体现出独有、特有的个性化。越是民族的就越是世界的，只有文化才能赋予乡村旅游生命力，要因地制宜发掘乡村旅游的文化内涵。我市文化具有多元化特点，红色遗迹、古盐道遗迹、古镇建筑，丹霞地质博物馆、桫椤自然保护馆、丹霞石刻博物馆，船工号子、苗族歌舞、独竹漂、晒醋工艺，石斛养生文化、竹文化、山歌文化、民居建筑文化等，都是富有地方特色的文化，如果加以合理利用，就像打开了一扇了解赤水的窗口，让游客在旅途中增长见闻和知识。

大同镇大石盘苗寨举办踩山节

乡村旅游是全域旅游的表现形式，也是乡村振兴的实践路径之一。我市的乡村旅游起步较早，但仍然处在低水平发展阶段，亟待提档升级。贵州省旅游管理委员会制定了《乡村旅游经营户服务质量评定标准》《乡村旅游客栈建设与服务标准》《乡村旅游村寨建设与服务标准》的地方标准，国家文化和旅游部制定了《旅游民宿基本要求与评价》，具有参考性和可操作性，对于乡村旅游建设有很强的指导性。

▶▶▶ 思考与实践

1. 组织参观望云峰乡村旅游，指出规划的不妥之处并提出修改意见。

2. 选择一个传统村落，拟写一份投资民宿建设的建议。

第三讲　扶持农业龙头企业与 "一村一特"

一、　扶持农业产业化龙头企业

我们常说的农业产业化龙头企业是指以农产品加工或流通为主，通过各种利益联结机制与农户相联系，带动农户进入市场，使农产品生产、加工、销售有机结合，相互促进，在规模和经营指标上达到规定标准并经政府有关部门认定的企业。

国家明确，要推进特色农产品优势区创建，建设现代农业产业园、农业科技园。实施产业兴村强县行动，推行标准化生产，培育农产品品牌，保护地理标志农产品，打造一村一品、一县一业发展新格局。加快发展现代高效林业，实施兴林富民行动，推进森林生态标志产品建设工程。要加大农业龙头企业培育力度，确保一个产业有一个以上龙头企业，大幅提升农产品质量，不断做靓农业品牌，以好品牌开拓市场，提升市场占有率，形成农业全产业链发展的良性循环，为实现乡村振兴奠定坚实的农业产业基础。

2019年中央一号文件明确提出"培育农业产业化龙头企业和联合体"，各类新型农业经营主体迎来了前所未有的发展黄金期。

为了培育农业产业化龙头企业，我省出台了《贵州省农业产业化省级重点龙头企业认定和运行监测管理办法》，这对推动农业产业化具有重要指导意义。

（一）省级重点龙头企业的含义

省级重点龙头企业是指依法在贵州省行政区域内设立，以农产品生产、加工、流通、休闲农业和农业社会化服务为主业，通过合同、合作、股份合作等利益联结方式与农户紧密联系，带动农户进入市场，使农产品生产、加工、销售有机结合，相互促进，经营指标达到规定标准，经省级重点龙头企业联席会议认定的农业企业。

（二）申报省级重点龙头企业应具备的条件

1. 企业组织形式

依法设立的以农产品生产、加工、流通、休闲农业和农业社会化服务为主业，具有独立法人资格的企业。包括依照《公司法》设立的公司，其他形式的国有、集体、私营企业和外商投资企业，在市场监督管理部门注册登记的农产品专业批发市场等。

2. 企业经营产品

以农产品生产、加工、流通、休闲农业或农业社会化服务为主业，主业销售收入（交易额）占企业销售收入（交易总额）的70%以上。

3. 企业经营规模

（1）种植类：总资产800万元以上、固定资产500万元以上、销售收入1500万元以上。

（2）家畜养殖类：总资产2000万元以上、固定资产1000万元以上、销售收入2000万元以上。

（3）家禽养殖类：总资产1500万元以上、固定资产1000万元以上、销售收入2000万元以上。

（4）水产养殖类：总资产800万元以上、固定资产500万元以上、销售收入800万元以上。

（5）农产品加工类：总资产3000万元以上、固定资产1500万元以上、销售收入3000万元以上。

（6）休闲农业类：总资产1000万元以上、固定资产500万元以上、销售收入1000万元以上。

（7）社会化服务类：总资产1000万元以上、固定资产500万元以上、销售收入1000万元以上。

（8）农产品专业批发市场（含大宗农产品物流）：年交易额标准2亿元以上。

（三）扶持农业产业化龙头企业具体举措

1. 建立支持龙头企业发展的投资保障机制

（1）要在落实好中央和贵州省、遵义市对农业产业化龙头企业的扶持资金和优惠政策的基础上，调整财政支出结构，切实增加对农业产业化龙头企业建设的投入。

（2）加大金融支持力度。农业发展银行、农业银行和农村信用社要安排一定的信贷资金，逐步扩大贷款领域，增加贷款规模，重点解决龙头企业短期流动资金和基础设施建设、技术改造等中长期贷款。

（3）落实用地、用电、用水优惠政策。农业龙头企业建设发展所需用地视同重点项目建设用地，国土资源管理部门在编制年度用地计划时要优先安排。农业龙头企业的农产品生产基地、农产品临时性收购场所、农林种植、养殖场和设施农业用地，视同农业用地。在不改变农用地性质的前提下，允许农户有偿转让承包土地使用权，或以土地使用权入股参与农业产业化经营。

2. 加快推行标准化生产，加大基地建设

从近几年农产品产销情况看，我市许多质量不错的农产品既无注册商标，又无专利保护，也无质量认证，缺乏广大消费者的认知度和信赖度。因此，必须进一步加快市级农产品检测监督体系建设，为提高农产品的生产加工质量提供可靠保证。引导企业积极争取 ISO9001 以及国际相关组织的质量认证和安全卫生认证，千方百计获得国内各大城市"准入"许可，为产品进入国际市场奠定基础；帮助龙头企业争创著名商标、驰名商标和中国名牌、贵州名牌。围绕农产品质量安全示范区创建，支持农产品质量安全示范区基础好、潜力大的农业龙头企业，纳入上级农产品加工经营质量安全示范企业管理。积极推行"公司＋农户＋基地"的形式，使龙头企业以订单合同的方式与农民建立稳定的生产销售关系，相互依存、相互促进，逐步形成产业化、规模化、基地化、标准化、绿色无公害化生产。

3. 加快专业合作社建设，提高农业生产经营组织化程度

农民专业合作组织可以充分发挥其桥梁和纽带作用，使公司与农户从一般买卖关系转变成利益共同体，实现两者在市场竞争中共同获利，是推进产业化经营纵深发展的必然选择。

两河口镇黎明村专业合作社，采取"党支部＋合作社＋农户"的模式，将土地变成资产、资金变成股金、农民变成股东，发动群众把 1300 亩林地入股大瀑布景区，每年获得景区门票收入分红，增加村集体经济收入，带动入股农户增收。实践中，要鼓励龙头企业采取建立风险基金、制定最低收购保护价、按农户出售产品的数量适当返还利润等多种方式，与农户结成利益共享、风险共担的利益共同体，实现企业与农

户的"双赢"。

4. 加快科技创新步伐，提升龙头企业核心竞争力

（1）改造一批传统加工型的农业龙头企业，增强企业技术创新和技术推广能力，引导农业龙头企业改进传统的农产品加工方式，引进、开发和推广新技术、新工艺，打造龙头加工企业的精品名牌。

（2）鼓励和支持龙头企业与高等院校、科研院所合作进行新技术、新品种开发，提高产品的科技含量和附加值，不断提高龙头企业产品的竞争力。

（3）加大对农业科技的投入。健全农业科技信息网络，多渠道增加对重大农业科技攻关、技术改造的投入。按照"扶优、扶强、扶壮"的原则，对企业的技术改造和科研攻关进行有偿扶持，滚动发展。尤其是种子种苗和疫病防治工程建设，农产品的深加工，先进的保鲜、贮存、包装等新技术研发的投入，提高农产品质量，增加农业附加值，增强农产品竞争力。

（4）建立健全激励机制，对农业企业经营业绩突出的、农业科技有重大突破的、农业产业化发展有重大贡献的企业和个人进行表彰和重奖。

5. 改革市场营销方式，开拓国内外市场

要把拓展农产品市场，盘活农产品流通作为增加企业效益、推动产业发展的有效手段。

（1）积极推行新的营销方式，全方位开通绿色通道，搞好农产品配送。对市级以上重点龙头企业运输鲜活农产品及其加工制品，实行绿色通道"通行证"制度；明确职能部门，拨出专项经费，定期组织农业产业化龙头企业到北京、上海、广州等大中城市参加国内、国际农产品博览会和订货会，进行推介宣传，扩大企业的影响力和市场占有份额。龙头企业要充分运用信息技术和现代营销手段，大力发展网上交易、电子商务、连锁经营、物流配送等形式，提高企业农产品营销的组织化程度。

（2）加大农业招商引资力度。鼓励工商企业和外资企业进入农业生产领域，围绕农副产品深加工和生态农业，开展多元化经营，形成优势互补，带动农产品加工业和生态观光休闲农业发展，实现一、二、三产业联动发展。

（3）大力发展农民营销队伍。着重发挥民间力量，建立市、乡、村三级农产品流通协会，鼓励发展各产业专业营销公司和民间中介组织，培养农产品销售经纪人和营销大户，做到乡镇有营销公司、村有营销班子、组有营销大户、户有营销能人，形成

全方位的营销网络，不断拓宽农产品营销渠道和空间。

目前，全市农业企业共 300 多家，其中龙头企业 34 家（含省级龙头企业 10 家），贵州赤天化纸业、贵州赤水信天中药产业、贵州新锦竹木制品、贵州红赤水集团、贵州赤水竹乡乌骨鸡养殖、"永斛源"品牌等已经成长为行业领头雁。

二、 流转土地、 林地集约化经营

（一）流转基本情况

全市家庭承包耕地确权面积为 279096.38 亩，承包地块 250104 块，签订土地承包合同 54994 份，颁发土地承包经营权证书 54994 本。

据调查统计，截至 2020 年 9 月，全市农村土地流转 73278 亩，按土地流转方式分类：出租（转包）59139.85 亩，转让 390 亩，互换 137 亩，股份合作 8341.15 亩，其他形式 5270 亩。按土地流转去向分类：流入农户 10529 亩，流入专业合作社 34312.33 亩，流入企业 13283.18 亩，流入其他主体 15153.49 亩。按土地流转用途分类：流转用于种植粮食 8136 亩，流转用于种植蔬菜 11373 亩，流转用于种植水果 12580 亩，流转用于种植茶叶 900 亩，流转用于种植其他作物 40289 亩。

土地流转是推动农业集约化经营的有效途径。全市流转土地规模较大的有：旺隆镇坝区 148 亩，用于种植蔬菜；石堡乡坝区 614 亩，用于种植水稻、蔬菜；宝源乡坝区 331 亩，用于种植花卉、养殖生态鱼；复兴镇坝区 308 亩，用于种植蔬菜、养殖鸡和鱼；天台镇赤水市科苑农业科技开发有限公司流转土地 409 亩，用于种植花卉苗木；宝源乡赤水宝源现代农业综合开发有限公司流转土地 765 亩，用于种植花卉；元厚镇赤水甲渡旅游发展有限公司流转土地 639 亩，用于种植花卉、养殖生态水产；丙安镇赤水市兰溪农业开发有限公司流转土地 278 亩，用于种植石斛；丙安镇赤水市杜鲜燕中药材种植专业合作社流转土地 409 亩，用于种植中药材；复兴镇贵州仙草生物科技有限公司流转土地 272 亩，用于种植石斛。

（二）土地流转主要做法

1. 规范农村土地承包经营权流转秩序

《赤水市人民政府办公室关于印发赤水市农村土地承包经营权流转管理暂行办法的通知》进一步规范了流转原则和流转方式、职责分工、办理程序、监督管理、责任追究、纠纷处理机制等农村土地承包经营权流转秩序，促进了农村土地资源变资本，推进了农业规模化、集约化经营。

2. 办理土地流转经营权证

为土地流转受让方颁发农村土地流转经营权证书，保护农民和受让方的合法权益。为受让方在银行贷款提供有效的抵押物证，为企业组织农业产业发展提供后续资金保障。

3. 成立土地纠纷仲裁机构。

2012 年 8 月，成立赤水市农村土地承包经营纠纷仲裁委员会；2013 年 3 月，成立赤水市农村土地承包经营纠纷仲裁庭。这些举措有效化解了农村土地承包和流转产生的矛盾纠纷，维护了农民的合法权益。

三、 发展 "一村一特" 农产品

所谓"一村一特"就是主导产业要占全村总产值的 50% 以上，具有当地特色优势的农产品；要做到"人无我有，人有我优"的理念。截至目前，全市有一村一品示范村两个：长期镇五七村和两河口镇大荣村。

（一）晚熟龙眼

龙眼，又名桂圆。赤水龙眼种植历史悠久，被誉为"贵州龙眼之乡"。元厚镇为主要产地，现存 100 年树龄龙眼 60 余株。1990 年末，为了改善桂圆林结构，先后四次从福建、四川等地引进水南 1 号、松风本、泸丰和蜀冠等品种；2018 年，又从福建农科院引进龙眼晚熟品种福晚 1 号、福晚 8 号、宝石 1 号等 3 个品种，上市时间在 9 月下旬至 10 月中旬；2019 年赤水龙眼获得国家农业农村部农产品地理标志保护。

龙眼产业规划：对我市现有龙眼基地进行品种更新，对树冠矮化嫁接，5 年内嫁接晚熟龙眼达 5000 亩，产量 7500 吨以上。力争两年内建成沿赤水河标准龙眼产业带，并完善龙眼产业的道路、水利、储存和市场等基础设施，为龙眼产业提供道路运输、水源灌溉、产品保鲜等支撑，同时加强龙眼产业综合技术培训，提高龙眼产业的综合经营管理水平。

（二）晚熟荔枝产业

荔枝属无串子科荔枝属的一种树势较强、主干高大、根深叶茂的常绿乔木。我市

栽培的品种主要有大红袍、楠木叶、挂绿、红绣球、铊提、绛沙兰、妃子笑、先进奉、糯米糍等品种。经过多年的发展，现种植面积约 1500 亩，主要种植在元厚、长沙、官渡、白云、复兴、文华、大同等低海拔地区。

（三）高山猕猴桃

猕猴桃，也称奇异果，是一种具有丰富的氨基酸与矿物质的水果，其维生素 C 和多种矿物质的含量比柑橘、苹果等高几倍甚至几十倍，为果品中营养最全面的水果之一；且具有促进食欲、保健美容的作用，是一种深受消费者喜爱的水果，有"水果之王"的美称。果实除鲜食外，还可加工成果脯、果酱、果汁、果酒等。

两河口镇黎明村支部书记王廷科（右）传授猕猴桃管护技术

我市猕猴桃栽培历史较短，2014 年开始从四川省都江堰市、苍溪县和贵州省修文县引进猕猴桃进行试种，引进红阳和贵长两个品种，种植面积大约 2500 亩，主要分布在我市两河口、丙安、旺隆、葫市、官渡、长期等乡镇，其大面积种植主要在两河口和丙安两个乡镇。

（四）生态白茶

1. 白茶种植分布

白茶（豹皮樟）是制作虫茶的原材料，主要产在贵州赤水、湖南城步、广西龙胜等地，宜在海拔 400～1800 米、森林覆盖率在 85% 以上，常年空气湿度在 70% 以上的环境生长。赤水栽种白茶、饮用虫茶已有一千多年的历史。春夏之交，将白茶树嫩叶采回家中进行高温蒸煮捞出，再自然晒干后放入各种竹制容器，存放在通风干燥的土建木楼中，通过白茶叶自然散发出的奇特清香引来米缟螟（米黑虫、茶蛀虫）产卵繁殖，数天后破茧而出的幼虫就以鲜嫩白茶叶为食，在其体内进行生物转换排出的粪便，经收集筛检烘干后放入土罐等容器中便成了虫茶。虫茶并不是茶，只是外形似珠茶，冲泡之后色如茶水，故有"虫茶"之名。虫茶泡开水，香气四溢，喝上几口，味道醇香甘甜，沁人心脾，令人回味无穷。虫茶经多年陈化后，口味更醇和，药性更温和。

2. 白茶种植情况

随着虫茶知名度提升，白茶种植犹如雨后春笋，村集体、企业、农户都在大面积发展种植白茶，全市发展面积约2308亩，其中白云种植30亩，宝源种植50亩，长期种植128亩（并有白茶苗基地40亩），大同种植467亩，复兴种植700亩，葫市种植230亩，元厚种植435亩，天台种植10亩，旺隆种植258亩。

白茶产业龙头企业有桫龙虫茶饮品有限责任公司和贵州米樟虫茶产销专业合作社，分别注册了桫龙虫茶和米樟虫茶两大商标。据调查，全市有1700多株野生大白茶树，其中800株纳入原生树种挂牌保护。

（五）优质柑橘、脐橙

我市柑橘种植历史悠久，其主要品种有纽荷尔、红心柚、沙田柚、红泡柑、椪柑、蜜橘、脐橙等品种，较出名的有大同、元厚的椪柑、蜜橘、脐橙，产品质量好，可溶性固形物含量高，深受消费者喜爱。

旺隆镇永兴村果农采收脐橙

（六）高洞青萝卜线

2015 年长沙镇高洞村引进青萝卜试种，手工式作坊生产萝卜线，得到广大消费者的认可。之后扩大种植规模，2018 年以小作坊的形式生产并进行线上线下销售。2019 年上海市依托东西部合作平台，援建高洞萝卜线加工厂房，安装有自动清洗设备、切丝设备、全自动包装设备。根据市场需求和消费者口味，开发出麻辣、红油两种口味的萝卜线产品，定制了 50 克、250 克真空包装。采取"线上＋线下"模式，与超市、电商、快递公司签订销售协议，把传统销售转变为对外批发、餐馆直供、网络销售。目前，高洞萝卜线已进入上海、重庆、贵阳、成都、厦门，以及泸州、赤水、习水等地销售，深受消费者喜爱。

志愿者帮助种植户抢收萝卜

▶▶▶ **思考与实践**

1. 组织一次对赤天化纸业、贵州红赤水集团两家农业产业化龙头企业的考察，结合实际谈谈怎样借助龙头企业带领村民增收致富。

2. 请你简述虫茶的制作过程，并谈谈白茶树栽种的要点。

第四讲 农产品营销

一、 农产品营销及其策略

（一）农产品营销的内涵

农产品营销是市场营销的重要组成部分，是指农产品从农户到消费者的流程中，实现个人和社会需求目标的一系列交易活动。农产品营销活动贯穿于农产品生产、流通和交易的全过程，是一个价值增值的过程。

（二）农产品营销的目标

1. 经济效益目标

获得消费者对产品的价值认同，从而取得较高的经济效益。

2. 市场占有率目标

创造新的市场需求，扩大市场范围，获取更多市场份额。

3. 品牌发展目标

塑造经营者形象，打造产品品牌，扩大企业知名度。

（三）消费者需求心理与农产品营销策略

1. 消费者购买农产品的心理动机

（1）求安心理动机。农产品消费关系到每个人的生存和健康，随着人们生活消费水准的提高，人们对农产品的需求由追求能量型（温饱）向健康、安全、营养方面转变。

（2）休闲心理动机。随着社会经济的发展，人们开始认识"慢生活"，增强了对休闲生活的渴望，期望获得休闲农产品的消费。

（3）体验心理动机。城市化造成了环境污染、生活紧张、缺乏绿意的生活环境，使人们产生了逃离"压力山大"和"亲近大自然"的体验消费动机。

（4）求便心理动机。消费者把农产品使用方便和购买方便与否，作为选择农产品消费和购买方式的第一标准。

2. 基于消费者购买动机的农产品营销策略

（1）利用求安心理，开发绿色农产品。

一是增强消费者对绿色食品的认知。对绿色农产品了解越多，越有助于激发消费者内心对安全和健康的需要，进而提高对绿色农产品的消费。千万不能将绿色食品标志仅仅印在包装上一贴了事，要对消费者经常进行有效宣传，增强消费者对农产品安全问题的认识，对绿色食品标志的辨识。

二是合理定价。要充分考虑生产成本、认证成本、目标市场消费群体的接受程度。如日本有机食品比普通农产品价格高 10% 以上，欧洲也比一般农产品价格高 20% ~ 50%，我国消费者愿意接受的绿色农产品价格一般比普通农产品价格高 15% ~ 25%。

三是选择合适目标人群。消费者的年龄、经济状况，对健康、安全的忧虑意识，以及家庭中是否有未成年人，都会影响其对绿色农产品的消费。我国绿色农产品消费群体，主要有年轻人、部分老年人、孕妇、产妇、婴幼儿为主的五类消费群体。

（2）利用休闲心理，开发休闲农产品。

休闲农产品是指人们在闲暇、休息时消费的食用、把玩、观赏类农产品，其主要功能为愉悦消费者的心情。

一是吸引顾客的味蕾和眼球，推出美味、新颖的产品，让消费者难以抗拒产品美味、包装亮丽的诱惑。

二是体现健康消费的理念。休闲农产品要确保无毒无害。特别是休闲食品要保证质量和良好风味，以低热量、低脂肪、低糖为产品开发的主流。

三是借助文化娱乐元素。借助文化娱乐元素表达温馨、健康、纪念的信息，以期引起消费者对品牌的共鸣。

四是包装小巧，方便购买。休闲农产品往往是旅途消费品或礼品，应做到体积小、包装美，不仅携带方便，而且购买者可以同样价格获得多份产品，从而以低成本实现让更多亲朋好友分享。

（3）利用体验心理，开发观光农业园。

观光农业园是以生产农作物、园艺作物、花卉、茶等为主营项目，让城市游客参与生产、管理及收获等活动，享受田园乐趣，并可进行欣赏、品尝、购买的农业园。

一是因地制宜发展。观光农业园选址要符合"三边"条件，即城市周边、旅游景区周边、交通干线周边。

二是适度规模经营，农业特色明显。具有鲜明的独特性和区域性，具有别人难以模仿的内涵和价值。

三是突出新奇，不断改造园区景观。观光农业园要充分利用农业自然景观、农业田园景观和农业生产景观，做好生产、生活环境整治。移步换景，处处是景，能够满足消费者摄影取景需要，适应当今手机一族利用微信、QQ、微博等自媒体传播。

四是注重体验，让游客获得感受价值。让游客获得视觉体验，看到红花绿果、稻田画等；让游客获得听觉体验，听到潺潺流水，虫鸣鸟语等；让游客获得味觉体验，品尝农家果菜茶饮等；让游客获得嗅觉体验，闻到花草芳香，体验清香迎面扑来等；让游客获得触觉体验，动手采摘、制作、加工等。

（4）利用求便心理，开发数字化营销。

一是目标市场定位。主要定位为会上网的中青年或消费能力较高的人群。

二是选择品牌物流。由于农产品的特殊性，配送车辆需具备冷藏冷冻功能，以及冷藏周转箱和恒温设备，否则客户收到的商品将会有质量问题。

三是提高农产品品质和标准化程度。同一批次以及不同批次农产品，外在规格、内在品质力求基本一致。

四是注重网络宣传。电商平台既是一个交易平台，也是一个宣传窗口。要及时通过新闻播报、抖音等形式，开展宣传，从而紧紧抓住消费者。

3. 基于顾客让渡价值的农产品营销组合策略

顾客让渡价值是指企业转移的、顾客感受得到的实际价值。

（1）注重农产品品牌和包装。农产品品牌命名须朗朗上口、易读易记，还要寓意深刻。新颖别致，做到清新高雅，不落俗套，充分体现农产品的档次和品位。农产品包装设计要体现绿色环保、美观大方、方便携带的原则，既要图文信息齐全，标志标识清楚，又要短小精悍，一目了然，让顾客过目不忘。提供产品质量认证和质量追溯承诺，让顾客放心大胆购买。

（2）扩大农产品直接销售。农产品的自身特性要求周转时间短，同时由于消费的

主要形式是以家庭为单位分散购买，规模和利润均小，选择直销形式可减少中间环节，还能实现私人定制。

目前农产品直销形式主要有：订单直销、直营店销售、社区配送、电商销售、网络直播、观光采摘、农产品＋互联网＋认养农业、农产品＋可视农业、农产品＋餐饮等形式。

（3）创新农产品促销方式。"酒香不怕巷子深"的传统产品销售理念已经过时，好酒也要吆喝着卖，促销时应利用流量思维，引起消费者聚焦，扩大产品知名度，激发消费者的购买欲望。目前主要促销形式有：农业展会促销，如农展会、农交会等；新闻媒体宣传促销，如专题采访、广告等；农事节庆活动促销，如梨子节、猕猴桃节、桂圆节等；公共关系促销，如开展公益事业、慈善捐助等。

二、 农村电商基础知识

（一）农村电子商务的定义

农村电子商务是指利用网络平台，为从事涉农领域的生产经营主体提供在网上完成产品或服务的销售、购买和电子支付等业务交易的过程。

这种新的电子模式能推动农业的生产和销售，提高农产品的知名度和竞争力，是乡村振兴建设的催化剂。

（二）农村电子商务的内容

农村电子商务服务包含网上农贸市场、数字农家乐、特色旅游、特色经济和招商引资等内容。

1. 网上农贸市场

迅速传递农林渔牧业供求信息，帮助外商出入属地市场，属地农民开拓国内市场走向国际市场，进行农产品市场行情和动态快递、商业机会撮合、产品信息发布等内容。

2. 特色旅游

依托当地旅游资源，通过宣传推介来扩大对外知名度和影响力，从而全方位介绍属地旅游线路和旅游特色产品及企业等信息，发展属地旅游经济。

3. 特色经济

通过宣传、介绍地方的特色经济、特色产业和相关的名优企业、产品等，扩大产品销售渠道，加快地方特色经济、名优企业的迅猛发展。

4. 数字农家乐

为当地的农家乐提供网上展示和宣传的渠道。通过运用地理信息系统技术，制作本地农家乐分布情况的电子地图，同时采集农家乐基本信息，使其风景、饮食、娱乐等各方面的特色尽在其中，一目了然。既方便城市百姓的出行，又让农家乐获得广泛的客源，实现城市与农村的互动，促进当地农民增收。

5. 招商引资

搭建本地（本村）招商引资平台，介绍政府规划发展的开发区、生产基地、投资环境和招商信息，更好地吸引投资者到本地（本村）进行投资生产经营活动。

（三）农村电商发展步骤

第一步，做好制度设计，结合实际，以标准化的思路大力推动电子商务进农村。

第二步，选择平台运营方式。

第三步，完成农村电子商务的硬件配备。包括对农产品包装、运输、产品质量、售前售后服务等所需的条件，互联网，专业操作人员以及相应的快递合作方等。

第四步，挖掘和包装电商产品。筛选当地具有电商营销价值、突出地方优势、又适合网上销售的农产品，严格遵循"五统一"（统一标准、统一追溯、统一包装、统一品牌、统一运营）的方式进行上网销售。

第五步，推动电商集聚发展，争取快递、银行、保险、培训等服务入驻。

第六步，培训骨干，扶持示范。教会村（居）民开店、维护、运行，看得到收益效果。

第七步，成立协会、联盟、合作社等组织，形成规模化、组织化的电商销售主体，聚零为整，形成合力，互利共赢。

（四）如何利用农村电商平台销售农产品

1. 选择平台是关键

目前通过平台来销售农产品的有很多，如淘宝、天猫、京东、抖音、快手、西瓜视频，以及各种小程序。在众多的平台里面，什么平台适合自己做农产品，能够在农产品的生态性，以及绿色、有机、安全等方面给予更多的展示，这就变得尤为关键，

所以每个人要结合自己的农产品品牌，选择一个合适的平台。

2. 流量是线上交易的一切源泉

所有的产品在线上进行交易，必须要让产品得到足够的曝光和展现，也就是说产品只有曝光越高，转化率才能更高。如果一个产品的转化率只有1%，其曝光量必须要达到100人；如果你一天想达到10单以上，其商品至少要曝光1000次，所以线上的流量将成为交易的一切源泉。

3. 高效的农产品展现形式

农产品区别于其他商品的特点，就是它的新鲜、绿色和有机。使用什么方式来展现产品，如图片、文章或视频，要结合农产品的特点和平台本身具有的优势来决定，这样才能发挥线上展现的最佳效果。

4. 高质量的农产品卖点输出

把每一款农产品的高质量特点作为产品的卖点输出，并且在消费者观赏前三个页面就能抓住这个核心的卖点尤为重要。因为一般的消费者只会有三秒钟来阅读页面，如果产品的卖点不能够产生直接的震撼效果，那基本上就无缘交易转化。所以在前三个页面打造产品的核心卖点，将成为交易转化的直接原因，这个卖点将成为消费者买单的理由。

三、 抖音制作技巧

（一）怎么制作抖音短视频

推荐使用抖音官方视频剪辑软件"剪映App"进行视频剪辑，可以对视频进行后期制作编辑，精选更有价值的视频，然后再上传到抖音平台。

"剪映App" 使用方法：

第一步：下载"剪映App"安装到手机。

第二步：打开"剪映App"，点击"开始创作"，上传需要编辑的视频。

第三步：对视频进行编辑。

第四步：关闭原声，给视频添加音乐。

第五步：选择视频比例，选择9：16。

第六步：给视频设置背景，同时应用到全部。

第七步：给视频编辑文字。

第八步：调节视频色彩亮度、饱和度、锐化等，最后导出视频。

第九步：打开"抖音 App"，上传刚才编辑的视频。

（二）抖音运营的内容制作技巧

1. 视频制作的准备以及方法

（1）直接拍摄。一般需要三脚架（固定机位使用）、防抖手机云台、补光灯（视频需要充分的打光）、拾音设备、反光板，如果需要进行后期处理，还需要购买白色和绿色背景布及相应的搭架。

（2）制作动画类视频。需要了解动画视频制作的基本步骤，如脚本、分镜、画面元素、布景等。这种制作方法的好处在于对设备的依赖相对较少，制作周期短，产出快，适合追踪网络热点话题。

（3）剪辑类视频。网上有很多现成的视频素材，二次剪辑创作也可以用于抖音运营，但需要避免版权问题。

2. 抖音视频上热门的技巧

（1）发布内容不能含有违规、不良的词语、图像等，这是抖音运营的常识。

（2）视频要有配音，没有配音就配乐。加上与内容相匹配的声音，更有利于视频上热门。

（3）视频的标题。引导语很重要，可以通过文案来引导观众点播、点赞，甚至评论、转发。

（4）抖音运营要适时参加热门挑战。参与挑战活动，及时性和内容可看性这两点非常重要。抢时间发布在靠前的位置，会因为先发优势得到自然流量的倾斜，内容的可看性则会影响到后续的推荐流量。

（5）抖音的发布时间点，要根据账号的受众群体来制定。

上午 11 点、下午 6 点、晚上 9 点，这三个时间点是抖音用户使用高峰期。

（6）尽量实拍，并且要考虑手机尺寸显示问题。抖音鼓励真人出境，这类内容有一定的流量扶持。

（7）评论区互动。想要上热门，必须要维护抖友们对你内容的评论，进行有效

互动。

（8）如果有原创音乐，还是易记易唱的那种，可以给作品加很多分。

（9）抖音运营者千万不要使用淘宝的所谓买赞、买粉，很容易被平台系统关"小黑屋"，甚至注销账号。

（10）一天发布数量不宜过多，建议2~3个作品为佳。

（11）周末和节假日特别重要，这样的时间段平台的活跃用户量是激增的，更容易让视频上热门。

（三）用抖音销售农产品应注意的问题

第一，不能在视频当中出现微信号、QQ号、手机号等联系方式。

第二，如果没有特别情况，最好在发布抖音的时候加上地理位置，这样可以增加可信度，为销售做好铺垫。

第三，不要在视频当中持续地将品牌露出。短时间，一掠而过，没有很明显的营销性是可以的。

第四，做农产品尽量拍摄田园风光、产地环境，让粉丝看到你是身在其中，是真正的产地经销商，打造产地直采的印象。

第五，以慢镜头为主，配上精准的音乐。因为音乐的搭配可以为视频增分不少，而且抖音本来就是一个音乐社区，如果配上音乐展现完美乡村，会令人产生浑然天成之感。

第六，用有趣的内容吸引受众。要想在短视频上卖东西，首先需要将受众吸引过来，因此，最好不要一开始就带着明显的商业目的。可随手拍摄一些农村有趣的风土人情，能够让观众观看农村生活的同时获得快乐，这样就能吸引更多的受众。

另外，在内容创作方面，"三农"人要学会抱团。一个人的能力和灵感总会枯竭，只有在抱团的思维碰撞中才能源源不断地生产出优质的创作内容。

▶▶▶ 思考与实践

1. 复兴镇凉江村为发展村集体经济，建了一个养鸡场。2019年养鸡10000余羽，但受新冠肺炎疫情影响严重滞销。请为凉江村制订一个较为合理的销售方案，帮助他们尽快将这些鸡销售出去。

2. 用抖音制作一条推介赤水农产品的广告。

第二篇　人才振兴动力足

　　千秋基业，人才为本。习近平总书记在十九届中央政治局第八次集体学习的讲话中指出："实施乡村振兴战略，各级党委和党组织必须加强领导，汇聚起全党上下、社会各方的强大力量。"农村是充满希望的田野，是人才干事创业、施展才华的广阔舞台。

第五讲　开发乡土人才资源

一、农业实用人才

　　农业实用人才是指具有一定知识和技能，为农村经济和科技、教育、文化、卫生等各项事业发展提供服务，做出贡献，起到示范和带动作用的农村劳动者。按照从业领域的不同，一般划分为5种类型：生产型人才、经营型人才、技能服务型人才、社会服务型人才和技能带动型人才。

二、乡村工匠人才

　　专注于某一领域，针对这一领域的产品研发或加工过程全身心投入，精益求精、一丝不苟地完成整个工序的每一个环节，可称其为工匠。乡村工匠人才大致可分为厨

师、木匠、石匠、泥水匠、铁匠、染匠、屠宰匠、裁缝、剃头匠、骟匠、油漆匠、纸扎匠、磨刀磨剪匠、皮匠、箍桶匠、白铁匠、铜匠、银匠、钉碗匠、弹花匠、修伞匠、补锅匠、竹篾匠等。

三、 文艺人才

（一）文艺人才的定义

文艺人才是指在文艺领域有一定文艺才能或具备专业技术的人才，范围涉及文学、戏剧、电影、电视、音乐、舞蹈、美术、摄影、书法、曲艺、杂技、民间文艺、文艺评论、群众文艺、艺术教育等领域。

（二）我市加强文艺人才队伍建设的措施

1. 重视文艺人才队伍建设， 营造良好的人才成长环境

（1）经费保障。建立健全人才经费保障制度，设置市级财政预算文艺创作建设资金和文艺人才培训经费。

（2）树立人才观念。坚持"不唯学历、不唯职称、不唯资历"，树立正确、科学的人才观，人才资源开发从以前的"粗放型"向"集约型"转变，提升人才综合素质，实现全面发展。

（3）关爱人才。在工作、生活、学习等方面关心文艺人才，为他们解决实际困难和福利待遇。

2. 建立健全人才工作机制， 推动文艺人才队伍建设工作有序进行

（1）严格选人用人机制。按照事业单位人事制度的总体要求，建立按需设岗、按岗定人、公平竞争、优先选拔的用人机制，坚持公平、公正、公开原则，选择能够适应当前文艺工作需求的专业型复合人才。

（2）强化文艺人才管理机制。因地制宜出台相应的事业单位、行业协会、社会文艺人才等工作管理制度，强化文艺人才在编制、岗位等方面的管理，规范文艺人才机构、部门和协会的活动组织，监督其运行，通过协会年审、法人年审等制度保障各文艺团体工作正常高效开展。

（3）创新制定人才引进机制。根据我市文艺发展现状和文化事业发展的总体需求

制订文艺人才引进需求计划，按步实施，通过人才博览会、考核招聘、公开招聘等多种渠道招录引进专业文艺和高学历文艺等紧缺型人才。

（4）合理制定人才激励机制。制定具体可行的奖励激励措施，通过精神奖励、物质奖励、工作奖励等方式，激发文艺人才爱岗敬业、乐于奉献的精神。

（5）建立健全人才考核机制。坚持以人为本，结合专业特点建立了一套科学、合理、高效的人才考核评价机制，为优秀文艺人才的培养、选拔提供现实依据。

3. 深入推进人事制度改革，发挥文艺人才资源主体作用

（1）进一步推进职称制度改革，强化专业技术职务的聘任管理和监督，实行职称职务"评聘分开"，打破以往学历和资历的限制，以工作业绩成果为衡量标准，为创新、争优、成果突出的能干事、干实事的专业技术人才提供职称晋升机会。

（2）扎实改革内部收入分配制度，努力实现收入分配的多元化，通过建立完善考核机制、评价体系、业绩标准，把贡献、实绩、成果等作为重要分配依据，充分体现按劳分配、奖勤罚懒的分配原则，有利于进一步吸纳人才和稳定人才。

4. 强化文艺人才培养，打造一支优秀的文艺人才队伍

（1）完善人才培养机制。制定长期可行的人才培养投入规划，建立带薪休假制度、经费保障制度、培训提升制度、成果奖励制度。

（2）拓展人才培训渠道。积极向上级部门和行业内部争取更多的培训机会，充分利用好"三区"人才支持计划、公共文化服务体系示范区人才建设、东西部扶贫协作、乡村振兴等政策优势和契机，积极选派优秀文艺人才外出深造。

（3）丰富人才培训模式。通过"请进来 + 走出去"的方式，采用邀请名师名家赴我市开展培训教学和派遣优秀文艺人才外出跟班学习、集中培训等手段，不断提高文艺人才的文化素质和业务素质。

四、农产品市场营销人才

农产品市场营销人才是从事农产品市场开发、拓展、销售的人才。农业产业发展的一个主要目的就是增加农民收入，巩固脱贫攻坚成果，推动乡村振兴发展。赤水市积极开展"赤货出山·风行天下"行动，农业农村局利用新型职业农民培育平台，在培训课程中引入电子商务知识、互联网知识等内容，还专门举办了农村经纪人培训班，逐步培养一批懂市场、爱农业、有知识、会管理的农产品市场营销人才，助力我

市优质农产品走向更广阔的市场。

五、 传统中医药人才

（一）传统中医药人才定义

中医药是包括汉族和少数民族医药在内的我国各民族医药的统称，是反映中华民族对生命、健康和疾病的认识，具有悠久历史传统和独特理论及技术方法的医药学体系。

中医药事业是我国医药卫生事业的重要组成部分。国家大力发展中医药事业，实行中西医并重的方针，建立符合中医药特点的管理制度，充分发挥中医药在我国医药卫生事业中的作用。发展中医药事业应当遵循中医药发展规律，坚持继承和创新相结合，保持和发挥中医药特色与优势，运用现代科学技术促进中医药理论和实践的发展。国家鼓励中医西医相互学习、相互补充、协调发展，发挥各自优势，促进中西医结合。

医药人才即中高等院校毕业的各类中医学、针灸推拿、中医骨伤、中药学、中药炮制类别的毕业生以及中医师承、民间师承类中医人才。

（二）传统中医药人才的培育、管理

1. 重视传统师承教育

继承挖掘传统的中医学术经验和理论，并通过现代科技方法和手段发展中医药学。通过师承教育和院校教育相结合的模式，开设民间名老医师所，鼓励和推荐著名民间名老医师所带徒弟到正规中高等院校进修学习，培育一批民间中医药学术人才。

2. 重视学校教育

加大中医全科医生规范化培训、转岗培训、助理全科医生培训力度，扩大农村订单定向医学生免费培养规模，落实订单定向医学生就业岗位编制，培养一批基层中医药骨干人才。

3. 强化岗位培训

中高等院校毕业生进入医院实习、见习、工作后，定期组织开展经典理论培训、临床中药知识与技能培训以及中医药管理知识的培训和考核，让他们成为中医药专业

技术实用型人才。

4. 认真执行中医医师定期考核制度

定期对中医人才进行考核，系统评价医师业务水平、工作成绩，促进中医人才业务能力的提升，提高医疗服务水平。

5. 加大中医适宜技术的推广力度

充分发挥县级中医医院对基层医疗卫生机构中医药工作的指导作用，加强乡镇卫生院中医药人才和乡村医生中医适宜技术的培训，大力继承和发扬祖国医药学。

（三）中医药人才未来发展

一是充分发挥市中医医院在全市中医医疗、科研、教学、康复、保健、养生及适宜技术推广中的龙头带动作用，继续落实中医"三个一"工程和中医治未病工程，加快中医养生保健服务能力建设。二是全面发展中医养生保健服务，提升中医养生保健机构提供保健咨询、调理、药膳等技术支持能力。三是推动中医药与养老融合发展，发展中医药健康养老服务，支持中医医疗资源进入养老机构、社区和居民家庭，推进赤水康养示范基地建设。四是加快以金钗石斛为重点的中药材资源科技研发，促进成果转化，开创医、药材基地相结合的中医药工作新局面。

▶▶▶ 思考与实践

1. 搞一次本村（社区）社会调查，做一份详细的乡土人才统计表，提供给村党支部参考。

2. 结合实际，列举乡村振兴急需的几类人才。

第六讲　畅通渠道，吸引人才

一、广泛吸纳人才

（一）大学生志愿服务西部计划

1. 情况介绍

大学生志愿服务西部计划始于 2003 年，团中央、教育部、财政部、人力资源社会保障部根据国务院常务会议和全国高校毕业生就业工作会议精神，联合实施大学生志愿服务西部计划，招募一定数量的普通高等学校应届毕业生或在读研究生，到西部基层开展为期 1～3 年的志愿服务工作，鼓励志愿者服务期满后扎根当地就业创业。

西部计划按照服务内容分为基础教育、服务三农、医疗卫生、基层青年工作、基层社会管理、服务新疆、服务西藏等 7 个专项。

西部计划作为实践育人工程，引导具有理想主义情怀的青年人，通过西部基层实践进一步坚定理想信念，锤炼意志品格，升华志愿情怀。作为就业促进工程，引导和帮助高校毕业生树立正确的就业观，并为他们搭建到西部去、到基层去、到祖国和人民最需要的地方去干事创业的通道和平台。作为人才流动工程，鼓励和引导东、中部大学生到西部基层工作生活，促进优秀人才的区域流动。作为助力扶贫工程，以西部计划志愿者为载体推动校地共建，引导高校资源参与到当地的脱贫攻坚工作中。

西部计划是国家重大人才工程"高校毕业生基层培养计划"的子项目，是引导和鼓励高校毕业生到基层工作的 5 个专项之一。党中央、国务院高度关心西部计划志愿者，高度重视西部计划和研究生支教团工作。习近平同志曾多次做出批示或给志愿者回信，肯定志愿者们在西部地区的辛勤耕耘、默默奉献，以及为当地经济社会发展、民族团结进步做出的贡献，勉励越来越多的青年人以志愿者为榜样，到基层和人民中去建功立业，让青春之花绽放在祖国最需要的地方，在实现中国梦的伟大实践中书写别样精彩的人生。

2. 激励和保障措施

（1）服务期满 2 年以上且考核合格的，服务期满后 3 年内报考硕士研究生的，初试总分加 10 分，同等条件下优先录取。

（2）参加西部计划基层项目前无工作经历，服务期满且考核合格后 2 年内，在参加机关事业单位考录（招聘）、各类企业吸纳就业、自主创业、落户、升学等方面可同等享受应届高校毕业生的相关政策。

（3）服务期满 3 年考核合格的，按规定符合相应条件的，可享受相应的学费补偿和助学贷款代偿政策。

（4）鼓励国有企业、民营企业拿出一定岗位定向招聘大学生志愿者。

（5）服务期满 1 年且考核合格后，可按规定参加职称评定。

（6）服务期满考核合格的，依实际服务年限计算服务期，并在服务证书和服务鉴定表中体现。志愿者可按国家和省的相关政策规定参加企业职工基本养老保险，志愿者本人的实际缴费年限据实计算。

（7）大学生志愿服务西部计划服务期满，经县级人事部门连续 3 年考核优秀且乡镇事业单位空编情况下，由县级人事部门报市级人事部门批准后，可聘用到乡镇事业单位工作。

（8）县以下乡镇机关招录公务员时要拿出部分职位面向基层就业项目（含大学生志愿服务西部计划）服务满 2 年以上的高校毕业生实行定向招考，择优录用。

（9）每年市直事业单位在分配的空编补员计划内公开招聘时，拿出一定比例的岗位专门面向有 2 年以上工作经历的"四项目"（含大学生志愿服务西部计划）人员招聘。

（10）待遇保障。志愿者补贴标准为每人每月 2200 元，根据服务县艰苦地区类型不同每月发放 0～365 元不等的艰苦地区补贴，志愿者年度考核合格后发放第十三个月生活补贴 1519 元，交通补贴按平均每人每年 800 元的标准划拨，新到岗志愿者发放一次性安置费 2000 元。志愿者在岗服务期间参加社会保险，按社会保险相关法律法规政策规定办理，个人缴纳部分从志愿者生活补贴中扣除，由各县级项目办统一为本县在岗志愿者按月缴纳。

（二）退役军人

为强化退役士兵就业创业服务工作，拓宽退役士兵就业创业渠道，促进退役士兵更好就业创业，我市落实了对退役士兵的培训、创业优惠和税收减免优待等多项政策。

1. 教育培训

（1）适用技能培训：针对当年退出现役的自主就业退役士兵（不含安排工作、退休、供养的），赤水市集中开展农业实用技术、网络创业（电商）等免费技能培训，培训时间一般定在当年退役士兵报到结束后的 10 日左右。

（2）驾驶技能培训：自愿参加驾驶培训的赤水籍当年退伍士兵，学习驾驶证可免去学费（其中手动挡报名费 3200 元，自动挡 3400 元），非当年退役士兵享受同等学费标准待遇，费用自理。

（3）继续教育：自主就业退役士兵报考普通高等学校全国统一招生考试。一是自主就业退役士兵，总分加 10 分；二是在服役期间荣立二等功（含）以上或被大军区（含）以上单位授予荣誉称号的退役军人，总分加 20 分。自主就业退役士兵报考成人高校招生考试。一是自主就业的退役士兵，省招生考试院可以在考生考试成绩基础上增加 10 分投档，是否录取由招生学校确定；二是成高免试录取是应征入伍服义务兵役退役的普通高职（专科）毕业生。

2. 创业扶持

（1）市场监管局已开设"军人优先"绿色通道、"微型企业"绿色通道，除保留国务院明确的 34 项工商登记前置审批事项外，全部都实行"先照后证"登记制度。自主就业的退役士兵优先享受扶持微型企业发展"三个 15 万元"的扶持政策：一是财政支持，微型企业实际投资达 10 万元，按 5 万元以内（含风险补偿金）给予投资直接补助；二是 15 万元的税收贡献激励，按企业缴纳的增值税、企业所得税或个人所得税县级留存增量部分，给予连续 3 年累计总额不超过 15 万元的税收贡献激励；三是金融支持 15 万元的银行低息贷款支持。

（2）税收优惠。自主就业退役士兵从事个体经营的，自办理个体工商户登记当月起，在 3 年内（36 个月）按每户每年 14400 元为限额依次扣减其当年实际应缴纳的增值税、城市维护建设税、教育费附加、地方教育费附加和个人所得税。企业招用自主就业的退役士兵，与其签订 1 年以上期限劳务合同并依法缴纳社会保险费的，自签订劳动合同并缴纳社会保险当月起，在 3 年内按实际招用人数予以每人每年 9000 元定额依次扣减增值税、城市维护建设税、教育费附加、地方教育费附加和企业所得税（自主就业退役士兵在企业工作不满 1 年的，应当按月换减免税额）。

（3）创业扶持。具有本市户籍退役士兵自主创业并带动就业，正常经营 1 年以上的，可一次性给予 5000 元的创业补贴。经市人社局认定为初次自主创业，符合申领条件的，按每月 500 元标准给予经营场所租金补贴（对实际月租金低于 500 元的据实拨付），补贴期限最长不超过 12 个月。在赤水范围内创业的可申请由财政贴息最长不超过 3 年、额度上限为 10 万元的创业担保贷款。对于建档立卡贫困自主就业的退役士兵外出至遵义市外务工并稳定就业 3 个月以上的，给予一次性生活补贴，生活补贴标准为 1000 元。

（三）返乡创业农民工

1. 摸清农民工回乡创业底数

利用春节，召开返乡农民工就业创业座谈会，做好返乡农民工信息登记统计工作，摸清返乡农民工创业需求信息，建立农民工返乡就业创业培训需求台账。

2. 政策措施落实到位

对农民工创业进行保姆式服务，及时兑现扶持政策和税收优惠。

3. 扎实开展创业培训工作

（四）选派机关企业干部到村挂职锻炼

1. 挂职锻炼方式

选派机关、国有企业、事业单位到赤水市范围内到村任职村党组织第一书记和驻村干部。

2. 选派范围及条件

（1）担任村党组织第一书记的应为中共正式党员，年龄一般在 45 周岁以下，要求政治素质好，坚决贯彻执行党的路线方针政策，热爱农村工作，善于做群众工作。

（2）具有两年以上工作经验，事业心和责任感强，有一定的组织协调能力和开拓创新意识，敢于担当、甘于奉献、作风扎实、不怕吃苦、公道正派、遵纪守法。

（3）必须为各级机关、国有企业、事业单位中具备干部身份的正式工作人员，不得为工勤人员、临聘人员。

（4）因年龄原因从领导岗位上调整下来，两年内达不到退休年龄，且有较强帮扶意愿的科级领导干部可以选派。

（5）健康状况良好，能够正常履行职责。

村党组织第一书记及驻村干部选派范围为贫困村、后进村和民族村，任期一般为两年。根据工作需要，按照市委组织部统一安排，可以延长任职期限。

担任村党组织第一书记，组织关系必须转至所驻村，在村党组织按时足额缴纳党费。在任期内，不占村两委班子职数，不参加换届选举。

市直及以上机关、国有企业、事业单位选派的村党组织第一书记和驻村工作组组长，由市委组织部统一任免，其余驻村干部由乡镇党委任免，报市委组织部备案。

3. 工作职责

村党组织第一书记和驻村干部在乡镇党委统一领导下，承担帮扶责任，紧紧依靠村党组织，支持和指导村党组织书记履行好主体责任，具体承担"一宣六帮"工作职责：

（1）宣传党的方针政策。紧紧围绕打赢脱贫攻坚战，充分运用农村群众喜闻乐见的形式，深入宣传贯彻党的创新理论和国家的各项强农惠农富农政策，宣传省委、遵义市委以及赤水市委的重大决策部署，教育引导群众听党话、跟党走。

（2）帮助建强基层组织。以提升组织力为重点，突出政治功能，抓好村两委班子建设，持续整顿后进党组织，加强农村党员发展，全面规范"三会一课"、组织生活会、民主评议党员等基本制度，把农村基层党组织建设成为宣传党的主张、贯彻党的决定、领导基层治理、团结动员群众、推动改革发展的坚强战斗堡垒。

（3）帮助推动经济发展。落实农村产业革命"八要素""五步工作法"，用好"三变"改革、"塘约经验"，理清所驻村发展思路，制定发展措施，大力调整农业产业结构，选准产业发展路子，加快基础设施配套，积极引进落地项目，建立利益联结机制，畅通产销对接渠道，发展壮大村级集体经济，促进农民增收致富。

（4）帮助维护和谐稳定。紧密联系群众，经常入户走访，引导群众知法、守法、用法。认真排查矛盾纠纷，及时做好化解。做好所驻村群体性事件信息上报工作，并及时做好疏导工作。指导村两委建立完善村规民约，完善规章制度，维护农村社会和谐稳定。

（5）帮助提升治理水平。推动落实"四议两公开"，推进基层民主制度建设。指导建立健全村务监督委员会制度，帮助村干部提高发展经济能力、改革创新能力、依法办事能力、化解矛盾能力、带领群众致富能力。弘扬文明新风，积极引导群众开展健康向上的精神文化活动。

（6）帮助开展便民服务。指导所驻村两委利用现有便民利民服务设施，建设群众"谈心室""说事室"，带领村级组织开展为民服务全程代理、民事村办等工作，打通服务群众"最后一公里"，努力为群众办实事好事。

4. 日常管理

村党组织第一书记和驻村干部实行"双重管理"，实行乡镇党委和派出单位共同管理，由市委组织部负责统筹指导。

（1）乡镇党委承担村党组织第一书记和驻村干部日常管理责任，负责考核驻村期间到岗到位、工作履职、廉洁自律等情况，全力提供食宿支持保障。

（2）派出单位承担村党组织第一书记和驻村干部日常监督责任，负责监督驻村期间落实"全脱产"要求，切实杜绝"两头跑""两头空"。

（3）市委组织部承担村党组织第一书记和驻村干部日常指导责任，负责驻村期间履职能力培训，经常性了解作用发挥情况，帮助解决困难和问题，全力提供工作支持保障。

建立督查问效制度。对驻村期间无故不在岗（未按规定程序履行请销假手续）人员，发现一次的，年终个人考核不得评为优秀；发现两次的，扣发个人20%当年年度目标绩效奖，约谈乡镇党委、派出单位分管领导；发现三次的，取消个人当年年度目标绩效奖，约谈乡镇党委、派出单位主要领导，责令派出单位另行选派人员。对驻村期间违反中央"八项规定"、省委"十项规定"、遵义市委和赤水市委"十二项规定"精神，收受财物、优亲厚友、谋取私利等违规违纪行为，一经查实，由市委组织部按照程序移交纪检司法机关处理。

5. 保障激励

将村党组织第一书记和驻村干部纳入干部教育培训计划，每年至少开展1次轮训，根据工作需要，适时组织专题培训，培训经费纳入市财政预算。村党组织第一书记和驻村干部在村工作期间，原人事、工资和福利待遇不变，由派出单位落实市直及以上村党组织第一书记和驻村干部每人每天不低于 55 元（按每月驻村 20 天计，每月合计 1100 元）的食宿补助，每月报销 2 次从单位驻地到所驻村的往返公共交通费（因工作原因产生的其他公共交通费用，由派出单位根据有关规定核实报销），每年组织一次体检，购买不低于 50 万元保额的人身意外保险，支持村党组织第一书记每年 1 万元工作经费，市财政支持每年 2 万元所驻村运转经费。

村党组织第一书记和驻村干部驻村期满 1 年（从驻村之日算起），机关事业单位人员职务（等级）工资向上浮动一级，企业岗位人员技能工资或标准工资上浮一级；驻村期满 3 年，上浮工资转为固定工资，未满 3 年，浮动工资即行取消，浮动工资所需的经费由下派单位列支。

二、 建立激励机制

（一）艰苦边远地区津贴

艰苦边远地区津贴是指对在艰苦边远地区工作的公务员额外劳动消耗和特殊生活费支出的适当补偿，主要体现出不同地区自然环境的差异，并根据不同地域的气候、海拔高度及当地物价的因素确定。

2017 年 1 月 1 日起，艰苦边远地区津贴按以下标准。各类区艰苦边远地区津贴标准分别为：一类区月人均 210 元，二类区月人均 350 元，三类区月人均 580 元，四类区月人均 1050 元，五类区月人均 1950 元，六类区月人均 3200 元。

在各类区平均标准内，不同职务人员适当拉开差距。其中，一类区每月 185 元至 370 元，二类区每月 320 元至 585 元，三类区每月 545 元至 1020 元，四类区每月 1000 元至 1880 元，五类区每月 1870 元至 2630 元，六类区每月 3120 元至 4160 元。赤水市属于一类区。

实施艰苦边远地区津贴所需经费由中央财政负担。各有关省、自治区、直辖市和中央有关部门要将列入艰苦边远地区津贴实施范围的财政负担人数、增资额等有关情况报送人事部、财政部审核，并由财政部按照核定的人数和各类区平均标准拨付资金。

（二）村干部待遇

我市村（社区）民选干部待遇主要以"固定工资＋绩效工资＋其他收入"的形式构成。

1. 固定工资

其中赤水市村（社区）"四职"干部待遇固定工资为正职（支部书记、村＜居＞委会主任）3014元/月，副职（支部副书记、村＜居＞委会副主任）2515元/月，已经实现支书、主任"一肩挑"的干部，每月固定工资为3514元。

2. 绩效工资

按照村（社区）干部正、副职不低于500元/月的标准按月发放，多数乡镇（街道）匹配不低于同等金额的年终考核绩效。

3. 其他收入方面

（1）兼职收入。村（社区）正、副职兼任安全员，固定300元/月的收入。

（2）村级集体经济分红。根据《赤水市村级集体经济考核奖励办法（试行）》（赤府办发〔2018〕56号）相关规定，按集体经济纯收益一定比例兑现奖励。具体比例为：经乡镇（街道）组织相关部门认定，完成上级下达村级集体积累目标任务数的村（社区），对当年集体经济纯收入新增部分，经乡镇（街道）研究，对村（社区）两委民选干部、村级集体经济组织正、副职按标准进行激励。达到20～50万元的按不超过30%，正职不少于1万元、副职不少于5000元，其他参与贡献人员不少于2500元；达到50～100万元的按不超过20%，正职不少于2万元、副职不少于1万元，其他参与贡献人员不少于5000元；达到100～500万元的按不超过15%，正职不少于3.5万元、副职不少于2万元，其他参与贡献人员不少于1万元；500万元～1000万元的按不超过10%，正职不少于5万元、副职不少于3万元，其他参与贡献人员不少于1.5万元；达到1000万元以上的按不超过5%，正职不少于10万元、副职不少于5万元，其他参与贡献人员不少于2.5万元，个人具体奖励分配办法由各乡镇（街道）根据实际制定，并报上级审批。

4. 下一步发展方向

按照中共赤水市委办公室赤水市人民政府办公室关于印发《赤水市村级干部等级

序列制度实施办法（试行）》的通知（赤党办发〔2020〕8号）文件，建立村级干部等级序列制度。

（1）村级干部岗位设置为领军人才、村级正职、村级副职、村级职员四种类型。

（2）村级干部等级序列共设置四岗二十级，不同岗位对应等级序列如下：

领军人才：六级至一级；

村级正职：十一级至六级；

村级副职：十六级至十一级；

村级职员：二十级至十六级。

（3）岗位等级和级别报酬：

一是领军人才由市委组织部考察、推荐，经市委研究、认定。领军人才初始岗位等级为六级（报酬3514元/月），每晋升一级，报酬增加300元/月。不再担任领军人才的，等级按任职年限重新计算执行。

二是担任村级正职，初始岗位等级为十一级（报酬3014元/月），基本报酬标准参照赤水市现行村级正职报酬标准确定。等级在初始岗位等级基础上逐级晋升，每晋升一级，报酬增加100元/月。如有高于十一级的村级副职干部经组织选拔或者换届选举担任村级正职干部的，按照"就高不就低"的原则，保留原级别报酬。

三是担任村级副职，初始岗位等级为十六级（报酬2515元/月），基本报酬标准按照赤水市现行村级副职报酬标准确定，等级在初始岗位等级基础上逐级晋升，每晋升一级，报酬增加100元/月（十六级到十五级增加99元/月）。

四是担任村级职员，初始岗位等级为二十级（报酬2115元/月），每晋升一级，报酬增加100元/月。赤水市中等职业学校培养的乡村振兴后备人才到村顶岗实习的，其基本报酬参照村级职员二十级报酬标准执行。

▶▶▶ 思考与实践

随着城市化步伐的加快，农村出现人才空心化的现象，乡村振兴面临人才困境，请结合实际谈谈怎样吸引农村实用人才。

第七讲　大力培育新型职业农民

一、 新型职业农民的定义

新型职业农民是以农业为职业，具有相应的专业技能，收入主要来自农业生产经营并达到相当水平的现代农业从业者。新型农民相对于传统农民，前者是一种主动选择的"职业"，后者是一种被动烙上的"身份"。

二、 时代背景

随着农村劳动力大量向二、三产业转移以及新生代农民工对土地的"陌生"，留守农业人群呈现出总量相对不足、整体素质偏低、年龄结构不合理等问题。然而，新型职业农民将以从事农业作为固定乃至终身职业，是真正的农业继承人。培育新型职业农民不仅解决了"谁来种地"的现实难题，更能解决"怎样种地"的深层次问题。

我国正处于由传统农业向现代农业转化的关键时期，大量先进农业科学技术、高效率农业设施装备、现代化经营管理理念越来越多地被引入农业生产的各个领域，迫切需要高素质的职业化农民。

三、 职业特点和主要类型

（一）基本特征和基本素质

1. 基本特征

（1）新型职业农民是市场主体。

（2）全职务农，把务农作为终身职业。

（3）具有高度的社会责任感和现代观念，有文化、懂技术、会经营，对生态、环境、社会和后人承担责任。

（4）具有"能创业"的特点。

（5）具备较大经营规模，具有较高收入。

（6）具有较高的社会地位，受到社会的尊重。

2. 基本素质

（1）有主体观念、开拓创新观念、法律观念、诚信观念等。

（2）有科技素质、文化素质、道德素质、心理素质、身体素质等。

（3）有发展农业产业化能力、农村工业化能力、合作组织能力、特色农业能力等。

（二）主要类型

新型职业农民具体来说可分为生产经营型、专业技能型和社会服务型三种类型。

1. 生产经营型

"生产经营型"新型职业农民，是指以家庭生产经营为基本单元，充分依靠农村社会化服务，开展规模化、集约化、专业化和组织化生产的新型生产经营主体，主要包括专业大户、家庭农场主、专业合作社带头人等。

2. 专业技能型

"专业技能型"新型职业农民，是指在农业企业、专业合作社、家庭农场、专业大户等新型生产经营主体中，专业从事某一方面生产经营活动的骨干农业劳动力，包括农业工人、农业雇员等。

3. 社会服务型

"社会服务型"新型职业农民，是指在经营性服务组织中或个体从事农业产前、产中、产后服务的农业社会化服务人员，主要包括跨区作业农机手、专业化防治植保员、村级动物防疫员、沼气工、农村经纪人、农村信息员及全科农技员等。

"生产经营型"新型职业农民是全能型职业农民，是现代农业中的"白领"；"专业技能型"和"社会服务型"新型职业农民是现代农业中的"蓝领"，他们是"生产经营型"新型职业农民的主要依靠力量，是现代农业不可或缺的骨干。

四、 培育新型职业农民的制度体系

培育新型职业农民，不是一项简单的教育培训任务，需要从环境、制度、政策等层面引导和扶持，重点是要构建包括教育培训、认定管理、扶持政策等相互衔接、有机联系的国家制度体系。

（一）教育培训

教育培训是新型职业农民培育制度体系的核心内容，这是由新型职业农民"高素质"的鲜明特征决定的，要做到"教育先行、培训常在"。对新型职业农民的教育培训应从三方面考虑：一是对种养大户等骨干对象，要通过教育培训使之达到新型职业农民引领素质要求；二是对经过认定的新型职业农民，要开展从业培训，使之更好地承担相关责任和义务；三是对所有新型职业农民，要开展经常性培训，使之不断提高生产经营能力。

（二）认定管理

认定管理是新型职业农民培育制度体系的基础和保障，只有通过认定，才能确认新型职业农民，才能扶持新型职业农民。一是明确认定条件；二是制定认定标准；三是实施动态管理。

（三）扶持政策

制定扶持政策是新型职业农民培育制度体系的重要环节，只有配套真正具有含金量的扶持政策，才能为发展现代农业、建设新农村打造一支用得着、留得住的新型职业农民队伍。扶持政策主要包括土地流转、生产扶持、金融信贷、农业保险、社会保障等方面政策。

五、　因材施教

（一）全面助力脱贫攻坚

面向贫困村培养"一村一名产业脱贫带头人"，帮助有劳动能力的贫困农户掌握1~2项脱贫技能，促进脱贫攻坚与乡村振兴有机衔接。组织培训教师送教下乡，结合技术扶贫、电商扶贫和金融扶贫开展专题培训，开设产业小班，加大实地案例教学，带领农民"走出去"学习脱贫经验，实现扶贫培训全覆盖。

（二）加强农民全员培训

1. 转移就业培训

服务地方经济发展需求和农民转移就业需要，围绕工业高质量发展、特色农产品加工业、现代服务业等用工需求，大力开展转移就业技能培训。

2. 农业产业培训

服务农业主导产业，大力开展农村实用技术培训；服务乡村振兴战略培养农业引

在易地搬迁扶贫安置点举办竹编培训

领人才，开展实用人才带头人素质提升培训。

3. 农民综合素质培训

面向广大农民，开展感恩教育培训、疫情防控培训、政策方法培训、扶志扶智培训，组织到先进村观摩、送文化下乡，拓宽农民视野，转变发展和就业观念，提升农民综合素质。

（三）因地制宜，做好分层分类培育

根据脱贫攻坚和乡村振兴对人才的需求以及我市农业发展进程，对照《高素质农民培训规范（试行)》，选取适合的类型和方向，统筹推进新型农业经营主体和服务主体、返乡入乡创新创业者和专业种养能手等培养行动，分类培育现代农业带头人。聚焦家庭农场、农民合作社和农业社会化服务组织发展需求，培养新型农业经营主体和服务主体等具有较强示范带动作用的带头人队伍，提升主体从业者生产经营能力。深入开展返乡入乡创业培训，推动农村创新创业高质量发展。

除部分中高端培训和综合类培训外，围绕我市重点农业产业发展，聚焦脱贫攻坚，重点针对建档立卡贫困户、坝区、移民搬迁、土壤污染防治、妇女、退役军人等人群开展培训。

▶▶▶ **思考与实践**

新型职业农民是新事物，请你说说其与传统农民的区别。

第八讲 常用公文写作

一、 常用公文

（一）函

1. 什么是函

函是不相隶属机关之间相互商洽工作、询问和答复问题，请求批准和答复审批事项的公文。函是一种平行文，其适用的范围很广泛。

2. 写作要领

函由标题、称呼、正文和落款四部分组成。

（1）标题。首行居中书写，一般由发文机关、事由和文种构成，有时也可只由事由和文种构成。

（2）称呼。顶格书写。

（3）正文。分为开头、主体和结语三部分。开头要写清楚行文的缘由、背景和依据，复函可以用"现将有关问题复函如下"来引出下文；主体部分主要说明去函事项，复函还要注意答复事项的针对性和明确性；结语一般用"特此函告""特此函达"，希望批准的用"请批准""望大力协助为盼""望能同意"，若要求对方复函则用"盼复""望函复""请即复"等语，复函结语则常用"特此复函""特此回复""此复"等，还有的函不写结语。

（4）落款。一般为发函单位和成文时间，发函单位需要加盖公章。

关于同意××公司租用楼面事项的复函

××公司：

　　贵公司《关于商租××村楼面的函》收悉，经研究，现答复如下：

　　贵公司欲租用我村位于××的楼面用于开设超市，这是方便群众的好事，也有利于我村经济发展。我村欢迎贵公司来人面洽租金等具体事宜。

　　特此复函。

××村民委员会

××年××月××日

（二）通知

1. 什么是通知

通知是用于传达事项、人事任免或批转、转发公文等方面的一种文种。

2. 写作要领

一般由标题、称呼、正文和落款构成。

（1）标题。写在第一行正中，可只写"通知"二字，也可写成"重要通知""紧急通知"。标题结构一般写成"发文机关＋事由＋文种"。

（2）称呼。在第二行顶格写，写被通知单位要用全称或规范简称，有时也可略去称呼。

（3）正文。正文要另起一行空两格书写，因内容而异。会议通知要写清楚开会的时间、地点、参会对象、会议内容和要求。转发文件通知要写清转发目的、意义与要求，任免通知要写清任免决定的依据、任免人员的姓名及职务等。一般采取条款式行文，一目了然，便于执行。结尾可写"特此通知"，也可不写。

（4）落款。分两行写在正文右下方，一行为发文机关名称，一行为行文日期，落款要盖公章。

××村关于召开村民代表大会的通知

××同志：

我村定于××年××月××日××时在××村会议室召开村民代表大会，推荐我村××代表预备人选，并安排其他事项，请按时参会。

××村民委员会

××年××月××日

（三）通报

1. 什么是通报

通报是上级机关、社会团体表彰先进、批评错误、传达重要精神或者告知重要情况时所使用的公文。真实性、教育性和典型性是其重要特点。通知告知的是工作情况，以及共同遵守执行的事项，要求被通知对象办事，并告诉他应该做什么、怎么做等等。而通报告知的是正反面典型，或有关重要精神或情况，主要是交流、了解情况，起到教育宣传作用。

2. 写作要领

（1）标题。通常有两种构成形式，一种是由发文机关名称、事由和文种组成，如"赤水市天台镇兴红村关于评选表彰孝心敬老先进的通报"；另外一种是由事由和文种构成，如"关于对卫生情况较差家庭的通报"。

（2）主送机关。通报一般应写主送机关，而写出来准备张贴或报刊刊登的通报，可以不标注主送机关。

（3）正文。一般包括事实陈述、事实分析、通报决定、希望或要求，不同类型的通报正文写作略有不同。

表彰型通报正文包括：叙述先进事迹、性质和意义、表彰决定、希望和号召。

批评型通报正文包括：错误事实或现象、错误性质和危害性分析、惩罚决定或治理措施、提出希望和要求。

情况通报正文则包括：概述情况、分析情况、提出希望和要求。

（4）署名和日期。在正文之后右下方标明发文机关全称和成文日期，并加盖公章。

××村关于"8·21"盗抢案中见义勇为个人的通报

今年8月21日，我村××组××村民家发生盗抢案。当时……

我村××同志正好经过，在乡亲生命财产安全受到严重威胁时，××同志奋勇冲上前去，临危不惧，敢于同犯罪分子做斗争，协同闻讯赶来的村民一道将犯罪分子押送到公安机关。

××同志的行为，在全村引起了强烈反响。为了表彰其英勇行为，经××研究决定：

授予××同志"见义勇为先进个人"称号，并给予奖励××元。

希望全村人民向××同志学习，学习他临危不惧、英勇斗争的大无畏精神，在今后的工作生活中为维护全村稳定和社会发展做出更大的贡献。

××村民委员会

××年××月××日

（四）请示

1. 什么是请示

请示是下级机关向上级机关请求决断、指示、批示或批准事项使用的呈批性公文。请示属于上行公文，主要特点是事前行文，一文一事，请批对应。

2. 请示的分类

根据请示的不同内容和写作意图，分为以下三类：

（1）请求指示的请示。一般是政策性请示，是下级机关需要上级机关对原有政策规定做出明确解释，对变通处理的问题做出审查认定，对如何处理突发事件或新情况、新问题做出明确指示的请示。

（2）请求批准的请示。是下级机关针对某些具体事宜向上级机关请求批准的请示，主要目的是解决某些实际困难和具体问题。

（3）请求批转的请示。下级机关就某一涉及面广的事项提出处理意见和办法，需各有关方面协同办理，但按规定又不能指令平级机关或不相隶属部门办理，需上级机关审定后批转执行的请示。

3. 写作要领

请示一般由标题、主送机关、正文、落款和附注（有的不加附注）五部分组成。

（1）标题。一般由发文机关名称、事由和文种构成，如《××村关于×××的请示》；也可以由事由和文种构成，如《关于开展春节拥军优属工作的请示》。

（2）主送机关。请示的主送机关是指负责受理和答复该文件的直属上级机关。一个请示只能写一个主送机关，不能多头请示。

（3）正文。正文由发文缘由、请示事项及结果组成。发文缘由是请示事项能否成立的前提条件，也是上级机关批复的根据。缘由有理有据、扎实可信，上级机关才好及时决断，予以有针对性的批复。请示事项是正文的核心，要有可行性与可操作性，内容要单一，只宜请求一件事。结尾要另起一段，习惯用语一般有"当否，请批示""妥否，请批复""以上请示，请予审批"等。

（4）落款。一般包括署名和成文时间两个内容。标题写明发文机关的，这里可不再署名，但需加盖单位公章。

（5）附注。使用请示这一文种时，一般应出具附注，有的也可不写。写法是在成文时间下一行居左空两个字，加圆括号注明发文机关联系人的姓名和电话号码。

关于下拨村办公楼改造经费问题的请示

××镇人民政府：

　　我村办公楼修建于××年，至今已使用××年，部分房间墙体出现渗水和其他问题。经请示同意，我村于今年×月启动了办公楼改造工作，目前工程已经竣工验收。特恳请下拨办公楼改造经费××万元。

　　特此请示，请批复。

××村民委员会
××年××月××日

（五）报告

1. 什么是报告

报告是下级机关向上级机关汇报工作、反映情况、答复上级询问的一种公文。它的使用范围很广，按照上级部署或工作计划，每完成一项任务，一般都要向上级写报告，反映工作中的基本情况、取得的经验教训、存在的问题以及今后的工作设想等，以取得上级领导部门的指导。报告的特点包括汇报性、陈述性、单向性、事后性等。

2. 写作要领

报告包括标题、主送机关、正文和落款四个部分。

（1）标题。报告的标题可以采用"发文机关＋事由＋文种"的三项式格式，也可以省略发文机关，采用"事由＋文种"的两项式格式。

（2）主送机关。报告的主送机关是发文单位的直属上级领导机关。

（3）正文。报告的种类不同，其正文的写作要领也不同。工作报告的正文一般包括基本情况、主要成绩、经验教训、今后意见或建议等几个部分。不同类型的工作报告，汇报的侧重点也略有不同。若内容较多，可分条列项，但要注意各条、各项之间的逻辑关系，避免无序混乱。情况报告要以基本情况的陈述为主。正文围绕主旨，实事求是地概述事件发生原因、经过、性质，同时要写出处理意见、处理情况或处理建议。结尾一般用"特此报告""以上报告，请审阅"等字样。

（4）落款。在正文之后右下方要标注发文机关全称或规范简称、成文日期，并加盖公章。

××村民委员会关于近期暴雨灾害情况的报告

××镇人民政府：

近期以来，我市出现了3次强降水，特别是9月3日我村大范围出现了一次大暴雨，洪涝灾害严重，××组、××组等受灾最重。现将有关情况报告如下：

一、雨情、汛情、灾情

（一）雨情……

（二）汛情……

（三）灾情……

二、防汛救灾情况

（一）领导重视……

（二）加强应急值班……

（三）及时启动预案……

三、下一步工作措施

（一）强化防汛值班……

（二）加强汛情研判……

（三）加大隐患排查……

（四）加强灾后引导……

（五）坚持靠前指挥……

××村民委员会

××年××月××日

（六）公示

1. 什么是公示

公示是事先预告群众周知，用以征询意见、改善工作的一种公文。它具有公开性、周知性、科学性、民主性等几个特点。

2. 写作要领

公示作为一种新兴的文体，有着自己较为固定的格式。一个完整的公示应由标题、正文和落款三个部分组成。有时，也可有附录或附表、附图。

（1）标题。"公示"或"关于×××的公示"。

（2）正文。一是要写清进行公示的原因；二要写清基本情况，党员发展公示还要包括有关人员的姓名、性别、出生年月、工作单位、职务、入党时间等；三要写清楚公示的起始及截止日期（以工作日计），意见反馈单位地址及联系方式。

（3）落款。要写清楚发布公示的单位名称（加盖公章）及发布时间。

（七）公告

1. 什么是公告

公告，是向国内外宣布重要事项或法定事项时使用的一种公文。公告在实际使用中可显示出以下三个主要特点：一是对象范围广，二是事项内容精，三是叙述文字简。根据其内容的性质，公告可分为指令性公告、事由性公告和服务性公告三大类。

2. 写作要领

公告的结构，包括标题、正文、落款三部分。

（1）标题。写法有三种。第一种是发文机关加上文种，如《中华人民共和国全国人民代表大会公告》；第二种是由发文机关、事由、文种组成，如《国务院办公厅关于××的公告》；第三种是以"公告"二字为标题。

（2）正文。内容一般比较单一，常见的是一文一事，只限于宣布事件的内容。有的公告正文，包括依据、事项和结语三部分；有的公告正文，只有依据和事项，省略了结语；也有的只有事项部分。可根据内容，灵活安排公告正文的结构。

（3）落款。并非所有公告都有。若作为公文下发或在报刊上刊登的，一般都写上落款，若通过电台发布也可不写落款。公告的落款，一般只有发布日期一项内容。

二、 特定公文

（一）经验总结

1. 什么是经验总结

经验总结是对过去一定时期的工作、学习或思想情况进行回顾、分析和评价，从中找出经验和教训，以获得规律性的认识，从而指导以后工作的一种事务性文书。经验总结具有真实性、理论性、指导性和自我性等特点，是对以前工作实践的一种理性认识。

2. 写作要领

经验总结由标题、正文和落款三部分组成。

（1）标题。有两种构成形式。一类是公文式标题，由单位名称、时间、事由、文种构成，如"××村××年工作总结"；另一类是直接以"工作总结"为标题。

（2）正文。总结的主体部分，通常包括基本情况、成绩和经验、问题和教训、今后的努力方向等。

（3）落款。落款应写在正文下方偏右的地方，日期写在其下面。有时也可以把落款写在标题下方。

（二）调研报告

1. 什么是调研报告

调研报告是以研究为目的，根据社会或工作的需要，制订出切实可行的调研计划，通过对客观事实的调查了解及分析研究，以调研报告的形式揭示事物的本质并寻找规律，最终总结出经验，提出切实可行的具体对策建议。调研选题应把握政治性与科学性相结合、前瞻性与针对性相结合、宏观性与可行性相结合等原则。

2. 写作要领

调研报告一般包括标题、前言、主体和结尾四部分。

（1）标题。直入主题，体现调查研究的主要方向，基本格式为"关于××的调研报告""关于××的对策建议"。

（2）前言。一是阐述课题调研的背景和意义。课题选题是在一个什么样背景下提出的，调研的起因或目的、时间和地点、对象或范围、经过与方法等，从中引出中心问题或基本结论，调研探索的事物发生和发展的一般规律，以及对推进某项工作具有的重大意义。

（3）主体。这是调研报告中最主要的部分。这一模块需要详述调查研究的基本情况、做法、经验以及分析调查研究在所得材料中得出的各种具体认识、观点和基本结论。

（4）结尾。结尾的写法较多。可以提出解决问题的方法、对策或下一步改进工作的建议；或总结全文的主要观点进一步深化主题；或提出问题，引发人们的进一步思考；或展望前景，发出鼓舞与号召。

附：调研报告一般框架

一、导言

    1. 研究背景

    2. 研究目的

    3. 研究意义

    4. 研究方法

二、研究问题现状

三、调研情况概述

四、案例综合分析

五、问题与建议

六、小结

    1. 调研概述

    2. 反思总结

参考文献

附录（可放访谈问卷、调研照片等）

（三）发言稿

1. 什么是发言稿

发言稿是为了特定目的、用于一定场合、面向一定对象发表讲话的文字底稿。发言稿的写作，必须服从讲稿六要素：讲者、目的、场合、对象、内容、语言。

2. 写作要领

基本框架：是什么—为什么—怎么办；背景介绍—讲话目的或针对的主要事项—表明态度、原则、观点—工作措施—期望和要求。

××村主任上任表态发言稿

各位领导、同志们：

    大家好。感谢××镇党委、政府和全体村民对我的信任，使我走上了××村主任岗位，我将努力工作，用实际行动回报领导和村民对我的信任和支持。为此，我将努力从以下几个方面做起，履行好村委会主任的职责，在镇党委、政府的领导下，为××村的建设出一份力。

一、站好"位"，把好"度"

我虽然是村民直选上来的村主任，但我首先是村干部队伍中的一名新兵，要在老同志的带领下，尽快熟悉全村工作的方方面面，尽快适应工作。遇事，多商量，多请教。

其次，我是村支部书记的助手。在农村，党组织是领导核心，村委会是党组织领导下的自治组织，在今后的工作中，我要积极服从党组织的领导，也要带领村委会一班人搞好三委班子团结。

二、不断加强自身学习

我是一名新"村官"，不论是在处理村务上，还是在研究政策和法律方面，我都有所欠缺。今后，我将通过不断学习，提高自身的文化素质以及法律素养，同时多向村里的老党员、老同志请教，尽快了解村里的基本情况，同时提高自己的工作能力，以便更好地为村民服务。

三、扎扎实实为村民服务

当选村主任虽只有一个多星期，但我已经深刻体会到农村工作的不容易。我知道自身还有不少缺点，但我有决心去踏踏实实干点事，围绕村里的三年工作目标发挥自己的作用，特别是××村整治提升和道路工程实施过程。

最后，再次感谢党委给我表态的机会，也恳求在座的各位领导、同志们对我今后的工作给予帮助和指导。

（四）证明

1. 什么是证明

证明是以单位或个人名义证明某人身份、经历或相关事件、情况真实性的专用文体。

2. 写作要领

证明一般由标题、称呼、正文和落款构成。

（1）标题。既可直接在首行居中以"证明"为标题，也可以写成"关于××同

志××情况的证明"格式。

（2）称呼。第二行顶格写需要证明的单位名称，后面加冒号，也可以不写称呼，用"兹证明"来开头。

（3）正文。要写明证明事项的事实，无关的问题则不写，正文写完要另起一行用"特此证明"作为结语。

（4）落款。分两行写在正文右下方，一行写"证明人个人"或村两委名称，一行为日期。个人要签名，单位要加盖公章。

证　　明

××银行：

　　××同志，男，出生于××年××月，现年××岁，系我村×组村民。该同志遵纪守法，在我村生活期间无不良反映。

　　特此证明

××村民委员会

××年××月××日

（五）贺信

1. 什么是贺信

贺信是单位或个人向取得突出成绩，或举行重要的庆典、纪念性活动的单位或个人表示祝贺的一种礼仪文书。贺信要实事求是、恰如其分，讲究时效性，用语要诚恳谦逊、简要得体。对上级的贺信带有敬意，对同级的贺信多出于礼仪需要，对下级的贺信言辞亲切，表达关怀。

2. 写作要领

贺信一般由标题、称谓、正文、结尾和落款五部分构成。

（1）标题。通常是在第一行正中位置书写"贺词"二字，有的还在前面写明祝贺事由，如新年贺词、结婚贺词等。

（2）称谓。顶格写明被祝贺单位的名称或个人的姓名。写给个人的，要在姓名后加上相应的尊称，如"先生"，称呼之后要用冒号。

（3）正文。包括前言、主体和结尾三部分。前言表达对与会者的祝福之意。主体部分表达人、事、活动的深刻意义，赞美其优点及所取得的成绩，歌颂已经或即将取得的成就。结尾对所祝之人或所祝之事再次表达热烈的祝贺，语言简洁，内容扣题。

（4）结尾。要写上祝愿的话，如"此致敬礼""祝取得更大的胜利""祝健康长寿"等。

（5）落款。写发文单位名称或个人的姓名，并署上成文的时间。

（六）规定

1. 什么是规定

规定是规范性公文中使用范围最广、使用频率最高的文种。它是领导机关对特定范围内的工作和事务制定相应措施，要求所属部门和下级机关贯彻执行的法规性公文。规定是局限于落实某法律、法规并加强其管理工作而制定的，具有较强的约束力，而且内容细致，可操作性较强。

2. 规定的分类

大致可以分为方针政策性和具体事宜性两种。

3. 写作要领

规定由首部和正文两部分组成。

（1）首部。包括标题、制发时间和依据等项目。标题有两种构成形式，一种是由发文单位、事由、文种构成，另一种是由事由和文种构成。

（2）正文。正文的内容由总则、分则和附则组成。

总则交代制定规定的缘由、依据的指导思想、适用原则和范围等。分则即规范项目，包括规定的实质性内容和要求具体执行的依据。附则说明有关执行要求等。正文的表述形式一般采用条款式或章条式。

（七）会议纪要

1. 什么是会议纪要

会议纪要是在会议记录的基础上，对会议的主要内容及议定的事项，经过摘要整理的、需要贯彻执行或公布于报刊的、具有纪实性和指导性的文件。既可以反映有关情况和问题，又可以用于指导工作和统筹协调各方面的步调。和会议记录的主要区别包括：会议记录是讨论发言的实录，属事务文书，而会议纪要只记要点，是法定行政公文；会议记录一般不公开，无须传达或传阅，只做资料存档，而会议纪要通常要在一定范围内传达或传阅，要求贯彻执行。

2. 会议纪要的特点

（1）内容的纪实性。会议纪要要如实地反映会议内容，不能离开会议实际搞再创作，不能搞人为的拔高、深化和填平补齐。否则，就会失去其内容的客观真实性，违反纪实的要求。

（2）表达的要点性。会议纪要是依据会议情况综合而成的。撰写会议纪要应围绕会议主旨及主要成果来整理、提炼和概括。重点应放在介绍会议成果，而不是叙述会议的过程，切忌记流水账。

（3）称谓的特殊性。会议纪要一般采用第三人称写法。由于会议纪要反映的是与会人员的集体意志和意向，常以"会议"作为表述主体，"会议认为""会议指出""会议决定""会议要求""会议号召"等就是称谓特殊性的表现。

3. 写作要领

会议纪要一般由标题、日期和正文组成。

（1）标题。由会议名称和文种组成。如《××村经济工作会议纪要》。

（2）日期。成文日期通常写在标题之下，位置居中，并用括号括起，也可在文末右下角标明日期。

（3）正文。一般为三部分。一是开头，要扼要叙述会议概况，如会议名称、目的、地点、人员议程及主要收获等。二是主体部分，主要写会议研究的问题、讨论中的意见、做出的决定、提出的任务要求等。可采取概述式写法、发言记录式写法、归纳式写法，不管哪种写法，都要围绕会议中心和目的选材、剪裁，突出重点。三是结尾部分。通常是提出希望、号召，要求有关单位认真贯彻会议精神，也可不写结尾，主体部分作为结尾。

▶▶▶ **思考与实践**

村两委换届，请你结合本村实际，写一篇竞选村支部书记（主任）的发言稿。

第三篇 文化振兴铸魂魄

　　文化是一种社会现象，它是由人类长期劳动创造形成的产物，同时又是一种历史现象，是人类社会与历史的积淀物。确切地说，文化是凝结在物质之中又游离于物质之外的，能够被传承和传播的，属于国家或民族的思维方式、价值观念、生活方式、行为规范、艺术文化、科学技术等。它是人类相互之间进行交流的普遍认可的一种能够传承的意识形态，是对客观世界感性上的认知与经验的升华。文化是人类社会相对于经济、政治而言的精神活动及其产物，分为物质文化和非物质文化。

　　中华民族有5000年的文明史，中华文化源远流长，生生不息。春秋战国时期出现了"诸子百家"文化现象，其后，中华传统文化逐渐形成了以孔子为代表的儒家文化为主体，其他文化互融共存、相互借鉴的格局，体现了中华文化海纳百川的韧性，促进了中华文化的繁荣。《易经》云："刚柔交错，天文也；文明以止，人文也。观乎天文，以察时变，观乎人文，以化成天下。"这是世界上最早认识到文化具有改造社会和凝聚社会功用的论述。"求木之长者，必固其根本；欲流之远者，必浚其泉源。"正是这种笃定的文化传承信仰，让中华民族渡过历史上一次又一次危机，屹立于世界民族之林。

　　中华优秀传统文化是中华民族的精神命脉，是涵养社会主义核心价值观的重要源泉，也是我们在世界文化激荡中站稳脚跟的坚实根基。习近平总书记说："坚定文化自信，是事关国运兴衰、事关文化安全、事关民族精神独立性的大问题。"当前，中华民族正处在"两个一百年"奋斗目标的历史交汇期，乡村振兴

显得格外迫切，而文化建设相对滞后。改革开放以来，城镇化也加快了农村的"空心化"，商品经济不可避免地对传统文化造成冲击，农村文化秩序需要重构，农民精神家园需要重建。

第九讲　地方特色文化

赤水文化源于巴蜀文化，是中华文化的一部分。复兴镇马鞍山汉墓出土的文物显示，远在秦汉时期，赤水文化就与中原文化交流频繁。历史上，赤水长期隶属四川行政管辖，赤水河连通巴蜀，经济交往频繁，其文化深受巴蜀文化影响。赤水的土著先民原为僰人，经历了多次社会变迁，如南宋袁世盟平叛后军垦，明末播州"改土归流"，清初"湖广填四川"，清中盐商迁徙等，都加速了赤水当地少数民族与汉民族的融合。千百年来，赤水先民们在这片神奇而古老的土地上，创造了多姿多彩的赤水地方特色文化。

一、　赤水盐文化

贵州食盐"仰给于蜀，蜀微，则黔不知味矣"。贵州省不产盐，食盐主要来自四川自贡井盐。1736 年，清政府在贵州边境开设四大盐运口岸。其中，由四川合江县沿赤水河上行赤水的口岸称为仁岸，为四大口岸之首，赤水盐运业应运而生。盐运的发展离不开赤水河的疏浚，清政府先后于 1745 年和 1878 年两次大规模疏浚赤水河，提升了赤水河的通航能力；抗日战争时期，年运盐达到 1.5 万吨，占川盐入黔 45% 左右。

尽管经历多次疏浚，但赤水河航道依然狭窄，许多盐道不得不靠人力搬运。船从长江口进入赤水河后，河道变窄，盐包在仁岸从大船"中元榜"卸下，其中二成由马帮、背夫马拉背驮陆运到土城，再经二郎滩，换上更小的茅村船至茅台镇，八成则改换稍小一点的牯牛船继续向前。每天在赤水河盐道奔忙的纤夫和挑夫背客达 2000 多人，马 1000 余匹。盐运的兴起，促进了商贸繁荣，陕西、江西、福建等地客商不断来到赤水经商，逐渐形成了永隆裕、永发祥、协兴隆、义盛隆四大盐号，赤水河沿岸赤水、复兴、丙安、元厚、土城、二郎滩、茅台等集镇渐次兴起。各籍客商纷纷捐资修建会馆，排解乡愁，江西会馆、福建会馆、四川会馆规模最大，赤水城里出现了"九宫十八庙"的盛景，至今，复兴江西会馆、南正街万寿宫依然保留如初。丙安古镇保留下来的古盐道还有很多痕迹，土城镇建有盐运博物馆，供后人研究和探寻。

复兴镇万寿宫

"手扒纤道背朝天／纤绳褡帕不离肩／双脚踩陷青石板／纤夫常年在河边……"这是一首赤水河纤夫的船工号子，真实反映了底层劳动人民的生活。

清代道光年间直隶仁怀厅同知陈熙晋在他的《之溪棹歌》里，写有多首描写船工生活的诗。"滩滩欢喜是安流，大别小别愁复愁。侬不愁风但愁雨，郎船前月上猿猴"，描写了妻子担忧船工丈夫的内心世界；"东门沱下水鳞鳞，浦树沙鸥画不真。邪许数声船泊岸，一篙犹带锦江春"，描写了仁岸盐港盐运的美景；"无多隙地强安排，但有人家总靠台。笑批门前安乐水，从知安乐是生涯"，描写了古镇临河而建的情景。赤水河古盐道不仅是一条经济通道，而且是一条川黔文化交流的通道，民间还有川剧传承。盐运留下了许多精神文化遗产，其中，赤水河船工号子已经申请省级非物质文化保护。

二、 赤水竹文化

据《赤水县志》记载，清乾隆三十四年（1769）秋，在赤水经商的福建省上杭县人黎理泰，回乡省亲。离乡返还时，母亲让他带上三个弟弟，特意挖取 4 株楠竹苗让其捎带回赤水栽种，寓意黎氏四弟兄在异地安家落户、生根发芽。黎理泰用木桶分装带泥的竹苗，由福建经江西至湖南，后转水运逆长江入赤水河，在仁怀厅境赤水葫市上岸后，栽种于自家房后。四株竹苗存活三株，几年后，房前屋后楠竹成林，四乡百姓纷纷登门索求母竹，黎氏兄弟均慷慨赠送。两百余年后，赤水漫山遍野都是竹子，是中国有名的竹子之乡。

位于葫市赤水竹海国家森林公园的黎理泰塑像

竹与梅、兰、菊被文人喻为四君子，被赋予有气节的人格符号。"宁可食无肉，不可居无竹。无肉令人瘦，无竹令人俗。"这是北宋文人苏东坡咏竹的诗句，可见，竹文化源远流长。

竹与人们生活密切相关，主要表现在以下几方面。

衣——秦汉时期就出现用竹制布，取竹制冠，用竹做防雨的竹鞋、竹斗笠，并沿用至今。古代人使用的竹簪、竹篦箕、竹箍等，都是用竹制成的器物；震惊中外的马王堆出土文物，发髻上就插有竹笄，体现了审美追求。

食——根据《诗经》《禹贡》等文献记载，竹笋在西周时期已成为桌上佳肴，今天，竹笋仍然是舌尖上的美味。

住——竹被广泛应用于房屋的建筑材料，甚至到了"不瓦而盖，盖以竹；不砖而墙，墙以竹；不板而门，门以竹。其余若椽、若楞、若窗牖、若承壁，莫非竹者"的地步。中国竹建筑体现了中华民族以农立国、返璞归真的生活情趣。

行——用竹来开路架桥、制舟做车。大同古镇独竹漂，就是作为交通工具传承下来的非物质文化遗产。

用——竹材被广泛制作成各种各样的日常生活器物，如炊饮器具、消暑用具、家具、竹筷、竹扇、笤箕、竹席、竹笛、竹箫等，构成一幅别致的中华民族生活风俗图。今天，竹根雕、平面工艺竹编、立体工艺竹编等丰富了旅游工艺产品种类，竹编工艺还被列入了非物质文化遗产保护名单。

三、 历史文化名镇

大同古镇、丙安古镇均列入国家级历史文化名镇（村）保护。

丙安古镇

丙安古镇。古称丙滩，因丙滩而得名，有 1000 多年的历史，为赤水古盐道咽喉要地，兵家必争的军商古堡。古镇临河而建，吊脚楼式建筑体现了川南黔北独特的建筑艺术，主要历史遗迹有丙安村古寨门、双龙桥、码头遗址、黄连寺、欢喜滩石桥、丙安纤道、曹佛寺遗址等。

1935 年 1 月 26 日，中国工农红军红一军团部进驻丙安，指挥红军攻占赤水县城。后因土城被川军围困告急，中央红军放弃在泸州、宜宾北渡长江计划，红一军团回师土城。古镇设立了丙安红一军团陈列馆、耿飚将军纪念馆等，现为全国红色旅游精品路线。

大同古镇。位于赤水河一级支流大同河畔，有 1000 多年的历史。古镇现存建筑建于明末、清初，由古街、古码头、古井、古街房、古民居、古庙宇、古会馆、古碑、古牌坊等组成，依山而建，错落有致。比较有名的建筑有禹王宫、郑氏牌坊、陈贡珊碑。1935 年 3 月，中共赤水合江特别支部为了配合中央红军四渡赤水，在此发动了石顶山武装起义，书写了悲壮的红色故事。

四、 赤水红色文化

1935 年 1 月 19 日，中央红军按照遵义会议确定的在赤水渡过赤水河，在泸州与宜宾之间渡过长江与红四方面军会合的作战部署，向赤水方向疾速前进。1 月 25 日

晚，红一军团二师抵达元厚场，1月26日清晨，红军攻占河对岸黔军阵地。

四渡赤水战役历时三个月，其间毛泽东等领导人指挥红军纵横驰骋于川黔滇边界地区，巧妙地穿插于敌人重兵集团之间，调动和迷惑敌人，在运动中歼灭了大量国民党军，最终巧渡金沙江，跳出了数倍于己的敌军的包围圈，牢牢地掌握了战场的主动权，取得了战略转移中决定意义的胜利。这是中国工农红军战争史上以少胜、多变被动为主动的光辉战例。如果说遵义会议是中国革命生死攸关的转折点，那么真正拯救红军和中国革命的就是四渡赤水战役。

学生在元厚红军渡口接受红色教育

红军到达元厚后，秋毫无犯，国民党恶毒污蔑的谣言不攻自破。1月26日，红军成立了元厚苏维埃人民政府，并且在元厚场对面渡口召开群众大会，宣传红军主张。当地百姓认识到红军是咱们穷人的队伍，纷纷加入帮助红军队伍的行列中。因为国民党川军不断增援土城，在青杠坡与红军发生激战，形势危急，1月29日，中央红军决定放弃从川南北渡长江计划，从土城、元厚"一渡赤水河"，向四川古蔺、叙永进发，拉开了红军"四渡赤水"的序幕。

红军部队撤退前后，当地百姓帮助红军队伍筹集粮草，修船架桥，收治伤员，与红军结下深深的鱼水情谊。为了缅怀红军先烈，赤水建有红军烈士陵园、黄陂洞战斗遗址等，供游客凭吊和追寻。

五、 非物质文化遗产

根据联合国教科文组织颁发的《非物质文化公约》，非物质文化遗产是指被各群体、团体，有时为个人视为其文化遗产的各种实践、表演、表现形式以及知识体系和技能及其有关的工具、实物、工艺品和文化场所。赤水独竹漂、晒醋工艺、赤水竹编、船工号子、游氏武术、宝源山歌、苗族踩山节都是珍贵的非物质文化遗产，值得保护和传承。

赤水晒醋晾晒

独竹漂表演

赤水独竹漂、晒醋工艺已列入国家级非物质文化遗产保护名录，赤水竹编、游氏武术、船工号子已列入省级非物质文化遗产保护名录。

▶▶▶ **思考与实践**

1. 清道光年间，仁怀直隶厅同知陈熙晋主持编修了《仁怀直隶厅志》，共 20 卷，这是第一本系统记载赤水历史的珍贵图书。利用课余时间搜集阅读，写一篇读后感。

2. 参观赤水博物馆和复兴万寿宫，说说赤水盐运文化和石刻文化。

第十讲　加强思想道德建设共筑中国梦

　　农村思想道德建设是指在农村思想领域进行观念更新，消除小农思想、封建残余和旧风陋习，使农民理解、掌握党的方针、政策，团结奋斗，充分发挥生产和建设的积极性，为农村物质文明和精神文明的发展提供动力的道德建设。

一、　当前农村思想道德建设存在的问题

（一）农民的理想信念不稳定

　　在改革开放初期，实行土地包产到户，解放了农村生产力，农民阶层成为改革开放的最大受益者，对党的改革开放政策衷心拥护。随着市场经济的发展、社会的分化与重组，以及脱贫攻坚的胜利，农村已全面实现脱贫，但相比其他阶层，大多数农民收入仍然较低。在这种经济环境下，很多农民会习惯性选择用实用主义的眼光看待事物，有些人国家观念淡薄，顾"小家"忘"大家"，个人主义第一，集体主义第二；有的农民制售假冒伪劣商品牟取暴利，不讲契约，丧失诚信等，如果不加以引导，还会导致这部分农民理想信念认识模糊，对社会主义的前途命运产生困惑和动摇。

（二）社会公德和家庭美德意识淡化

　　市场经济推动经济社会高速发展，同时，在少数农村地区也滋生了拜金主义、享乐主义等腐朽没落的思想，与现代人向往讲文明、讲礼貌、讲信誉、助人为乐、见义勇为、邻里和睦的社会环境格格不入。现实生活中，少数农民不遵守社会公德、不讲家庭美德；部分农村青少年好逸恶劳，老年人迷信不讲科学；农村家庭责任感弱化，尊老不足、爱幼有余，邻里关系紧张，离婚率呈上升趋势等现象普遍存在。

（三）精神生活空虚，生活方式落后

　　当今农村，农民的物质生活水平已有相当程度的提高，生活条件也有明显改善，

但他们的精神生活并不丰富，有的甚至是空虚的。封建迷信活动、陈规陋习和黄赌毒等社会丑恶现象在农村沉渣泛起，农民的生活方式更新大大滞后于他们生活条件的改善。婚丧大操大办，赌博活动愈演愈烈，富裕的物质生活与贫乏的精神生活形成了强烈的反差。

这些问题在农村具有顽固性，也表明了农村思想道德建设的艰巨性、复杂性和长期性，加强农村思想道德建设显得尤为必要和迫切。

二、 加强农村思想道德建设

（一）坚持用先进文化占领农村思想阵地

加强农村思想道德建设，目的是要培养建设社会主义新农村的主力军，培养"有文化、懂技术、会经营"的新型农民，为建设社会主义新农村提供强大的人力和智力支撑。我们要坚持从农村和农民实际出发，加强思想政治工作，坚持不懈地进行党的基本理论、基本路线、基本纲领教育，进行爱国主义、集体主义、社会主义教育，进行正确的世界观、人生观、价值观教育，引导农民坚定走中国特色社会主义道路的理想信念。积极开展文化、卫生、科技"三下乡"活动和适合农民群众参与的宣传教育活动，引导农民勇于破除陈规陋习，坚决反对封建迷信，不断提高思想道德素质和科学文化素养。大力弘扬以爱国主义为核心的民族精神和以改革创新为核心的时代精神，激发基层群众发扬中华民族艰苦奋斗、自力更生的传统美德，发扬与时俱进、改革创新的时代精神，增强进取意识、科技意识、文明意识，使村村谋发展、家家忙致富、人人思创业蔚然成风。

加强道德教育，形成良好的社会风尚。在广大农村大力倡导荣辱观、诚信观、义利观教育，对于加强社会主义思想道德建设，巩固马克思主义在意识形态领域的指导地位，打牢乡村振兴的共同思想基础，在农村形成积极、健康、向上的社会风尚，具有重大的现实意义和深远的历史意义。因此，要把"二十四字"社会主义核心价值观教育作为当前培养新型农民的重要内容，把荣辱、诚信融入基层群众的日常生活，成为公民的行为规范和道德准则，人人知荣而为之，知耻而不为；引导农民崇尚科学、抵制迷信，树立先进的思想观念和良好的道德风尚，形成人人践行社会主义荣辱观的良好局面，使农民有丰富健康的精神思想生活，从而积极投身改变农村落后面貌、建

设社会主义新农村的伟大实践中。

（二）创新载体，打通宣传群众"最后一公里"

理论政策宣讲、科普宣讲是宣传群众、教育群众、凝聚群众、服务群众的主要手段，工作中，要结合实际，摒弃照本宣科、本本主义、枯燥而空洞的说教，采取灵活多样的手段、通俗易懂的语言和群众喜闻乐见的形式，做到直接、生动、有效，打通理论宣讲最后一公里。

宝源乡回龙村举办党的十九届四中全会精神宣讲会

坚持基层党组织的战斗堡垒作用，解决"谁来讲"的问题。一个党员就是一面旗帜，党支部要肩负起理论政策宣讲的责任。坚持共建共享，解决"讲什么"的问题。以讲师团为依托，整合党校、行政学院等平台资源、人才资源、阵地资源，做到共建共享。坚持创新载体，解决"怎么讲"的问题。因地制宜创办农民夜校、干部夜校、农民讲习所、百姓龙门阵和风习语课堂等载体，以顺口溜、山歌、快板、小品等艺术形式，以知识竞赛、合唱大赛、学习评比台等方式增强学习兴趣，增强宣讲的覆盖面和实效性，切实打通宣传群众"最后一公里"。

（三）加强意识形态领域工作

意识形态是社会生活中的一个重要范畴，做好意识形态引导工作是乡村振兴中一项重要而紧迫的任务。当前意识形态领域中既存在着以社会主义核心价值观为旗帜的红色主旋律，也存在着立场不清不明的灰色杂音以及喧嚣刺耳的黑色噪音。在农村，不仅包括黑恶势力、封建迷信、黄赌毒、邪教异说等显而易见的歪风邪气，还包括一些似是而非、貌似科学实则错误的社会思潮，如以私有制"符合人的本性"、非法宗教"博爱向善"等极具迷惑性的面目出现。如果理论准备不足、鉴别力不强，看不透隐藏在其内部的错误价值取向，很可能就会在意识形态工作中丧失立场，迷失方向。

一要有敢于斗争的精神。基层干部在大是大非问题上要敢于发声，在思想交锋中敢于亮剑，绝不能有半点含糊和犹豫，绝不能被动应付、被动接招。二要弘扬主旋律，把习近平新时代中国特色社会主义思想和党的十九大精神宣讲好，把党和政府的声音传播好，把社会思想的主流展示好。三要优化工作方式，更加注重人文关怀和心理疏导，坚持把人民群众对美好生活的向往作为奋斗目标，既帮助他们解决生活中的实际问题，又为他们解开思想上的疙瘩，凝聚农民群众，共同筑牢中华民族伟大复兴的中国梦。

▶▶▶思考与实践

1. 封建迷信在落后的农村还在一定程度上存在着，结合实际谈谈在农村社会治理中怎样与封建迷信做斗争，引导人们相信科学。

2. 举例说说在农村加强习近平新时代中国特色社会主义思想教育的必要性。

第十一讲 传承和发扬优秀传统文化

习近平同志指出："中华传统文化源远流长、博大精深，中华民族形成和发展过程中产生的各种思想文化，记载了中华民族在长期奋斗中开展的精神活动、进行的理性思维、创造的文化成果，反映了中华民族的精神追求，其中最核心的内容已经成为中华民族最基本的文化基因。"中华优秀传统文化是中华民族自立于世界民族之林、生生不息的文化之根，是最深厚的文化软实力。

乡村是中华传统文化生长的家园。中华优秀传统文化的思想观念、人文精神和道德规范植根于乡土社会，源于乡土文化。我国是世界上最早进入农耕文明社会的国家，创造了丰富灿烂的乡土文化，奠定了中华优秀文化的底色。乡土文化中如重农扬农、家庭为本、尊祖尚礼、邻里和睦、勤俭持家、以丰补歉等，都是人文精华；德业相劝、过失相规、出入相友、守望相助、患难相恤等，都是中华传统美德。与儒家文化倡导的讲仁爱、重民本、守诚信、崇正义、尚和合、求大同本质上是一致的，不仅维护了中国古代社会的良好秩序，在当今社会仍然具备强韧而持久的生命力。

近代以来，尽管中国乡土文化屡次遭受磨难，特别是改革开放以来，乡土文化受到市场经济冲击，面临传承危机，但其文化精髓并没有丧失，仍然深深植根于中国农村广袤的土地上，并在新时代焕发出强大的生命力。

继承和发扬中华传统优秀文化要坚持批判精神。乡土文化有优秀和糟粕之分，那些与社会主义核心价值观格格不入，甚至与国家法律法规相抵触的陈规陋习和文化，要坚决摒弃。

一、 文明乡风

乡风，即乡里的风俗。《史记·三王世家》："百蛮之君，靡不乡风，承流称意。"一方水土养一方人，"百里不同风，千里不同俗"。赤水地处黔北边陲，深受巴蜀文化影响，形成了独具特色的乡风民俗。

（一）尊崇时令，顺应自然

作为民俗文化代表的二十四节气，体现了中国古人天人合一、顺天应时的理念。二十四节气是中国古人通过观察太阳周年运动，认知一年中时令、气候、物候等方面变化规律形成的知识体系和社会实践，形成于秦汉时期，是古人用来指导农事的补充历法。每个阴历月有两个节气，即正月立春、雨水，二月惊蛰、春分，三月清明、谷雨，四月立夏、小满，五月芒种、夏至，六月小暑、大暑，七月立秋、处暑，八月白露、秋分，九月寒露、霜降，十月立冬、小雪，冬月大雪、冬至，腊月小寒、大寒。在农业生产生活中，要充分利用四季气候变化，趋利避害，获得最大收成，保持身体健康。

二十四节气歌

西园梅放立春先，云镇霄光雨水连。

惊蛰初交河跃鲤，春分蝴蝶梦花间。

清明时放风筝好，谷雨西厢宜养蚕。

牡丹立夏花零落，玉簪小满布庭前。

隔溪芒种渔家乐，农田耕耘夏至间。

小暑白罗衫着体，望河大暑对风眠。

立秋向日葵花放，处暑西楼听晚蝉。

翡翠园中沾白露，秋分折桂月华天。

枯山寒露惊鸿雁，霜降芦花红蓼滩。

立冬畅饮麒麟阁，绣襦小雪吟诗篇。

幽阖大雪红炉暖，冬至琵琶懒去弹。

小寒高卧邯郸梦，瑞雪飘空交大寒。

（二）坚守传统节日，传承文化习俗

中国的节日文化始于春秋战国时期，传承下来的主要节日有：春节、元宵节、清明节、端午节、七夕节、中秋节、重阳节、腊八节、除夕等。

春节为农历正月初一，俗称过年。习俗有：放鞭炮，拜年，长辈给小辈发压岁

钱等。

元宵节又称上元节，为农历正月十五。习俗有：吃汤圆，观灯，舞龙，猜灯谜，偷青等。

清明节为农历三月初的"二十四节气"清明。习俗有：扫墓祭祖，踏青，植树。有的地方还在清明节前一天过寒食节，习俗是禁烟火。

端午节为农历五月初五。习俗有：划龙舟，抢鸭子，吃粽子，插艾草菖蒲、喝雄黄酒等。

七夕节又称"乞巧节"，为农历七月初七。习俗有：姑娘穿针引线验巧，做些小物品赛巧，摆上些瓜果乞巧。

中秋节为农历八月十五。习俗有：赏月，吃月饼，团圆。

重阳节为农历九月初九。习俗有：登高，赏菊，喝菊花酒，吃重阳糕，插茱萸，看望慰问老年人。

腊八节为农历腊月初八。习俗是喝腊八粥。

除夕为腊月二十九或三十。习俗有：扫尘，贴春联，贴窗花，贴福字，祭祖，吃团圆饭，守岁等。

有些传统节日还有人物故事，如端午节是为追思楚国爱国诗人屈原，寒食节是纪念春秋战国时期晋国大臣介之推"割股啖君"，七夕节是颂扬牛郎织女的爱情故事等。

除了上述传统节日外，赤水的苗族同胞还过踩山节，时间在正月初一到十五；赤水农村还过七月半、吃新、月母天、詹天等节日。

（三）抢救民间习俗，复兴礼仪之邦

赤水人民在长期的生产生活中，总结了很多生活经验，并以"仪式"的形式固化下来，形成了诸多文化习俗，丰富了中华传统文化的内涵。民俗作家王昌宇在他的《古堡遗风》里详细记录了赤水的民间习俗，如春官送春、打山、开秧门、收徒、开井封基、赶庙会、做媒、行聘、迎亲、拜堂、闹房、回门、发丧上山、守墓圆坟、吃年猪汤等。这些民间习俗是劳动人民对自然、社会和人与人、人与社会关系朴素的理解，具有合理的成分，是老百姓的精神家园。传承好民间习俗，对乡风文明大有裨益。

二、 淳朴民风

民风是指民间的风尚、风气。《礼记·王制》："命大师陈诗，以观民风。"这是最早关于民风的记载。赤水山明水秀，人杰地灵，民风淳朴。

民风不是自然而然形成的，需要持久培育。新时代，建设淳朴民风可从以下几方面入手。

（一）开展理想信念教育，筑牢"中国梦"

在农村开展习近平新时代中国特色社会主义思想教育，要根据教育对象特点，采取灵活、通俗、接地气的方式和手段，力避单调、刻板、乏味，激发农民学习兴趣，做到学有所获。比如组织村民参观红色教育基地接受革命教育，参观改革开放成就展，组织"百姓龙门阵"话变化感党恩等。

（二）制定村规民约，规范村民行为

制定村规民约的依据是党的方针政策和国家的法律法规，不得与其相抵触。村规民约是国家法规和政策文件的补充，文字宜简不宜繁，易记易学，内容因地制宜，以是否具有约束力为标准。例如：

村规民约"十不准"

1. 不准妖言惑众，搬弄是非，破坏稳定，违纪上访。

2. 不准组织参与封建迷信活动。

3. 不准违反规划，私搭乱建。

4. 不准赌钱打牌，偷摸扒窃。

5. 不准挑起事端，打架斗殴。

6. 不准破坏绿化，乱砍滥伐。

7. 不准在河坡、路肩进行种植。

8. 不准露天焚烧秸秆，乱堆乱抛。

9. 不准乱堆土石、乱挖路坎，堵塞道路、水沟。

10. 不准乱倒垃圾、粪便，污染水源。

（三）开展传统道德教育，呵护精神家园

道德是以善恶为标准，依靠社会舆论、传统习俗和人的内心信念来调整人们之间相互关系行为规范的总和，包括社会公德、婚姻家庭道德、人伦道德、职业道德诸方面。具体如：敬老孝亲、尊老爱幼、尊师重道、克己恕人、诚实守信、勤劳勇敢、爱护公物、见义勇为等。

道德教育寓于生活之中，最关键的是要教育村民区分善恶美丑，树立正确的道德观。实践中，可以在乡贤中聘请讲师，在村里设立道德讲堂，宣讲中华传统美德。

（四）大力评选榜样人物，促进风清气正

榜样的力量是无穷的。村级组织要定期推选表彰孝亲敬老、诚实守信、勤劳致富、见义勇为、文明家庭等典型，用身边故事教育身边人，引导村民崇德尚善，培育良好民风。

元厚镇桂圆林村评选表彰道德模范

小关子村"三史三恩"教育焕发新气象

葫市镇小关子村为把新时代文明实践工作抓出成效，于2018年初实施"三史三恩"（知党史、跟党走、报党恩，知国史、爱国家、报国恩，知家史、

传家风、报亲恩）教育活动。依托五四运动革命先驱谢绍敏故居，以爱国主义精神为主线，精心打造"三恩"文化广场，招募骨干志愿者10余人，宣讲党史、国史、家史，激发群众感恩奋进。同时，开展广场舞、音乐会、棋艺俱乐部等健康有益的文体活动，丰富群众文化生活。用一年时间，破除了打牌赌博、大操大办、薄养厚葬、造谣滋事、封建迷信等陋习。80多户群众拆去家中神龛，村民户均减少人情支出40%。最令人欣喜的是，全村低保户从104户210人减少到16户37人，"靠着墙根晒太阳，等着别人送小康"，争穷、哭穷的现象一去不返。

如今，行走在小关子村的田垄上，分明感觉一股新风扑面而来。

三、 良好家风

家风又称门风，指的是家庭或家族世代相传的风尚、生活作风，即一个家庭的风气。家庭是社会组成的细胞，一般家庭都有家训，用于对子孙立身处世、持家治业的教诲。

（一）修家谱

只要是华人，无论离开故乡多久、多远，都会思念故土，甚至几代后的华人仍然在寻找自己的根。而家谱、宗族祠堂就是寻根的地图。《孔子世家谱》已经修了八十余代。家谱、祠堂凝聚乡愁，修家谱、建祠堂不仅对于今人研究历史具有重要价值，而且对于增强中华民族凝聚力具有重要的现实意义。

（二）习家训

在封建社会时代，士大夫都注重立功、立德、立言，名门望族都有家训流传。孔子的《论语》、诸葛亮的《诫子书》其实都是家训，包含了为人处世、立身、德行等深刻的哲理。魏晋南北朝时，颜之推写的《颜氏家训》，被认为是第一部系统的家训。家训对于一个家族的兴盛具有特定作用。吴越王钱镠的《钱氏家训》为家族留下宝贵的精神遗产，一千余年来，钱氏家族人才辈出，绵延不绝。提倡每一个家庭都立家

训，诲育子孙，促进社会和谐。

（三）传家风

传习家风，就是延续家族荣耀。实践中，寓教于乐，形式多样。有的清明节祭扫祖墓，有的拜祭祠堂，有的观看警示教育片，有的到警示教育基地听讲腐败案例，有的传唱家训歌曲，有的忆苦思甜。如：大同黄氏家族把家训编写成朗朗上口的《百好歌》。

百好歌

立身看从小	自幼要学好	结伴情深厚	夫妻恩爱好
习惯成自然	循序渐进好	父母是活佛	毕恭毕敬好
家为第一校	学习氛围好	长辈养育恩	切记报答好
老小勤交流	谈心导正好	人生事万千	一人难做好
言传重身教	家长示范好	不可不求人	礼尚往来好
有错必纠正	宽严改错好	结交天下友	志同道合好
起居要有常	早睡早起好	耳听众人言	取长补短好
走出卧室前	被褥要叠好	做人有礼貌	美德弘扬好
洗刷保健康	衣物穿戴好	德智体美劳	全面发展好
防病从口入	食品卫生好	古今家国书	勤恒多读好
一日进多餐	身需营养好	立功立德言	自强不息好
用餐知辛苦	菜饭不剩好	外援不依赖	机遇应用好
吃穿住行娱	合理消费好	细算聚财富	先舍后得好
精神与物质	互相支撑好	近贤远奸法	和而不流好
贪惰不成家	勤先克懒好	嫖赌毒骗偷	时时禁忌好
擅长家务事	清白持家好	消除人隔阂	当面沟通好
家宽与屋窄	物放有序好	三思而后行	万无一失好
环保意识强	净化家园好	忆国忆家史	明礼知耻好
齐家守规矩	家风家训好	爱家国己事	修己利人好
中青爱老幼	根骨传承好	才德施于人	善作善成好
婆媳妯娌间	弟兄姐妹好	鳏寡孤独残	尽力帮扶好

居上要虚心	为下不乱好	挫折不泄气	逆境出彩好
领导被领导	互相尊重好	前人功与过	后人感悟好
权钱人在手	公平正义好	党国家恩报	三严三实好
访贫看穷家	知足济困好	要求别人做	以身作则好
医院看患者	强身健体好	言行两相顾	不忘初心好
互斗看伤残	善良大度好	在世几多日	时间把握好
睁眼看囚犯	珍惜自由好	无愧天下人	一生奉献好
灵堂看人生	淡泊名利好	任务扛在肩	责任担当好
无益身心事	自觉不做好	无责一身轻	主动作为好
修身多养性	心平气和好	遇事多商量	民主决策好
学水万物需	刚柔相济好	长计短安排	量力而行好
驱横爱善良	祛邪扶正好	办事讲公正	光明磊落好
关心公益事	投资献计好	财物收与支	手续完备好
科学谋发展	高瞻远瞩好	为政要清廉	依法施政好
经验勤总结	善于应用好	为军善打战	百战百胜好
福与祸相连	避祸造福好	为兵善惩恶	保家卫国好
善恶美丑间	爱憎分明好	为学重在习	精益求精好
诚实守信用	见义勇为好	为艺出佳作	引人从善好
命运各不同	今昔对比好	为师要从严	知识传授好
酸甜苦辣涩	生活品位好	为医讲医德	救死扶伤好
事不由人算	总要心肠好	为商守本分	老少不欺好
害人心莫起	防人心留好	为农勤耕耘	五谷丰登好
承前创新业	与时俱进好	水陆空运业	确保安全好
深思多熟虑	胆大心细好	行行出状元	精通一门好
身体是本钱	自重康养好	人居与创业	远离雾霾好
财色惹人爱	清心寡欲好	仁义礼智信	知行合一好
贫富须来往	互帮互助好	昨日有不足	来日弥补好
做事有章法	运筹帷幄好	生做人欢事	寿终人说好
事前无恶意	得理饶人好	年华莫虚度	青史流芳好

（四）经典案例：大同镇四洞村黄氏《太祖家书》传家风

德师黄明春（右一）在赤水五中给学生讲家风传承

大同镇四洞村黄氏家族，人口约千，一本《太祖家书》传承三百余年。每年农历二月初九、八月二十五日，族人代表都要聚集诵读家书。不但如此，黄氏后人还将家书中的家教家规刻成 25 块石碑，以示后人，在当地传为佳话。

《太祖家书》成书久远，有的内容已经不合时宜，2014 年前后，黄氏后人黄登益、黄明春对其进行了完善，整理成《生存歌》《六好十人歌》《百好歌》《训子歌》《处事歌》《传家歌》《人同歌》《承后歌》等八篇。族人在当地建起了百好苑，聘请黄明春为德师进行宣讲，《百好歌》已经谱了曲，在大同五中学校供学生习唱。

黄氏家族重视家风教育，后人人才辈出，自新中国成立以来，没有出现村民触犯刑律的案例，在当地传为佳话。

▶▶▶ **思考与实践** ·····

1. 结合农村实际，谈谈应从哪些方面坚守中国优秀传统文化。

2. 组织一次主题班会，讨论传统文化与乡村振兴的关系。

第十二讲　大力发展农村公共文化事业

一、　加强农村文化阵地建设

（一）普及村图书室

图书馆是搜集、整理、收藏图书资料以供人阅览、参考的机构，图书馆有保存人类文化遗产、开发信息资源、参与社会教育等职能。村图书室是图书馆服务功能的延伸和补充，在新时代农村文化建设中，发挥着教育性、娱乐性及服务性等多重功能，是主要发展阵地之一。因此自 2007 年起，我国全面实施农家书屋工程。农家书屋是为满足农民文化需要，在行政村建立的、农民自己管理的、能提供农民实用的书报刊和音像电子产品阅读视听条件的公益性文化服务设施。每一个农家书屋原则上可供借阅的实用图书不少于 1000 册，报刊不少于 30 种，电子音像制品不少于 100 种（张），并配备相应的阅读、播放条件，是农民自主管理、自我服务的公益性文化场所。

赤水于 2007 年启动农家书屋工程，现已建成农家书屋 107 个，实现了行政村的全覆盖，合计藏书量已达 40 余万册。随着乡村振兴战略的深入推进，国家进一步出台了《农家书屋深化改革创新提升服务效能实施方案》，要求通过深化改革创新，提升服务效能，明确了农家书屋建设的工作措施。一是要推动共建共享，解决资源闲置问题。紧紧围绕新时代文明实践中心建设做好农家书屋工作，推动农家书屋和基层图书馆互联互通，指导新华书店将农村发行网点建设与农家书屋管理使用相结合，调动群众自我管理、自我服务的积极性、主动性，解决好农家书屋服务"最后一公里"问题。二是要开展主题性和常态化阅读活动，提高书屋使用效能。将农家书屋阅读活动纳入文明实践系列活动，拓展农家书屋阅读活动的组织形式，创新农家书屋宣传内容和方式，加大阅读推广激励力度，促进乡村阅读深入开展。三是要优化内容供给，有效对接群众需求。改进重点出版物推荐目录评审制定工作，探索"百姓点单"服务模

式，加大群众自主选书比例，组织出版单位和农家书屋有效对接，开展农家书屋数字化建设，增加数字化阅读产品和服务供给。

（二）普及体育健身场所

广泛开展农村体育活动，对于增强广大农民体质、丰富业余文化生活、建设文明和谐的新农村有着重要的促进作用。国家体育总局从 2006 年开始在全国范围实施"农民体育健身工程"，以行政村为主要实施对象，采取中央和地方各级政府共同投入为主、社会集资为辅，建场地和器材配置主要靠体育彩票公益金支持的方式，把体育场地设施建到农民身边，把体育服务体系覆盖到农村。

农村公共体育场地设施建设的基本标准是：一块混凝土标准篮球场，配备一副标准篮球架和 2 张室外乒乓球台。在此基础上，提倡经济条件较好、人口较多的地区在尊重农民意愿的前提下，增加面积、器材及设施，形成体育文化广场，更好地满足农村体育文化生活需求。

农村公共体育场地设施以符合建设条件，有积极性和主动性，能够认真履行建设、使用、管理职责的行政村为实施对象，采取申报审核方式择优确定。实施对象需具备以下条件：无标准体育场地设施；重视体育工作，群众参加体育健身活动热情高、有传统，村民对建设体育场地有积极性，自愿义务投工投劳；有场地设施建设用地；能自行解决部分配套资金；对体育场地设施的管理、维护、使用有措施。

农村公共体育场地设施建设要结合当地发展规划，建在方便村民使用的地带，与绿化、美化相结合，起到改善环境的作用。混凝土标准篮球场按照建设部、国家体育总局《体育建筑设计规范》进行设计施工。在标准篮球场的四周，各向外开辟不少于5 米的平整空地，便于群众观看比赛和开展健身操（舞）等其他体育活动。

二、 丰富活跃农民文化生活

（一）倡导乡村广场舞

广场舞是深受广大群众喜爱的文化体育活动，近年来在全国蓬勃开展，在丰富城乡基层群众精神文化生活、推动全民健身运动广泛开展、展示群众良好精神风貌等方面发挥了积极作用。丰富活跃农民文化生活，离不开广场舞这一重要形式。赤水市文化馆把广场舞作为基层群众文艺辅导的重要内容，采取培训指导等多种方式，加大对广场舞活动的服务和指导力度，广泛开展免费发放教学光盘、公益培训、展演展示、原创作品征集评选等普及推广活动，引导基层群众结合地域、民族文化特色，充分挖掘和利用本地优秀文化资源，创作符合群众审美品位的广场舞作品，结合广场舞作品创作、队伍培训、宣传推广等引导基层群众培育和践行社会主义核心价值观。

结合我市实际，进一步推动乡村广场舞的健康发展，要着力在规范引导上下功夫。一是依靠和加强村（社区）自治，结合本地实际制定人性化、针对性强的广场舞活动准则或文明公约。二是积极引导和推动建立广场舞协会等文化体育社团组织，吸纳广场舞团队负责人、文艺骨干、社会体育指导员、群众代表参与广场舞管理，统筹村（社区）内广场舞团队及基层群众协商制定和落实相关管理规定，广泛吸取群众智慧，依靠群众力量，提升管理水平。三是按照属地化管理的原则，建立由政府牵头、相关部门依法管理、场地管理单位配合、社区居委会和业主委员会以及相关社会组织等广泛参与的广场舞活动管理机制，加强日常巡查，关注群众诉求，把因广场舞产生的矛盾化解在基层、化解在萌芽状态。

（二）打造百姓大舞台

"我们的中国梦"——文化进万家活动是中央宣传部等部门联合在全国组织开展的一项文化为民、文化惠民活动，将努力创作一批体现社会主义核心价值观要求、群众喜闻乐见的优秀作品，实施一系列为民、惠民、乐民的文化服务项目，开展一系列内容充实、丰富多彩、便于参与的文化活动，丰富基层群众的精神文化生活。随着活动的广泛开展，广大农村地区的精神文化生活得到了很大的改善和丰富。

为认真贯彻落实"我们的中国梦"——文化进万家活动要求，进一步繁荣我市群众文化生活，赤水市文化馆自 2015 年开始打造"百姓大舞台"系列活动。"百姓大舞台"旨在开展"从群众中来，到群众中去"的文艺晚会，是一个属于老百姓自己的舞台。晚会对外免费开放，不收取门票，演员均为市内广大群众组成的民间文艺队伍，采取自愿报名原则，在文化馆专人文艺辅导下，每季度举行一期精品文艺节目演出。"百姓大舞台"系列活动自 2015 年开办以来，获得社会各界良好赞誉，作为我市主推的文化艺术惠民系列活动之一，现已成为赤水文化艺术活动的标杆。

（三）举办农民丰收节

2018 年 6 月，国家明确将每年农历秋分设立为"中国农民丰收节"。设立一个农民专属的节日，充分体现了以习近平同志为核心的党中央对"三农"工作的高度重视。通过设立这个节日，举办一系列的具有地方特色、民族特色的农耕文化、民俗文化活动，可以丰富广大农民的物质文化生活、展示新时代新农民的精神风貌，顺应了亿万农民的期待，满足了对美好生活的需求。通过设立这个节日，树立一个鲜明的文化符号并赋予新的时代内涵，可以让人们以节为媒，释放情感、传承文化、寻找归属，可以汇聚人民对那座山、那片水、那块田的情感寄托，从而享受农耕文化的精神熏陶。

白云乡举办农民丰收节

办好这个节日，首先要坚持因地制宜办节日。各地从实际出发，结合当地的民俗文化、农时农事，组织开展好农民群众喜闻乐见的活动，做到天南地北、精彩纷呈。其次是坚持节俭热烈办节日。乡村风情不在奢华，既要有节日的仪式感，又要避免铺张浪费。再次是坚持农民主体办节日。农民是丰收节的主体，农民广泛参与是关键，要支持鼓励农民开展与生产生活生态相关的丰富多彩的活动，让农民成为节日的主角，农民的节日农民乐。最后坚持开放搞活办节日。要组织开展农民庆丰收、成果展示晒丰收、社会各界话丰收、全民参与享丰收、电商促销助丰收等各具特色的活动，还要举办各种优秀的农耕文化活动，让全社会、全民都感受到丰收的快乐。

三、 加强文物古迹遗址保护

文物古迹是具有历史价值、科学价值、艺术价值、遗存在社会上或埋藏在地下的历史文化遗物和遗迹。文物是人类在历史发展过程中遗留下来的遗物、遗迹。各类文物从不同的侧面反映了各个历史时期人类的社会活动、社会关系、意识形态以及利用自然、改造自然和当时生态环境的状况，是人类宝贵的历史文化遗产。它的基本特征是：第一，必须是由人类创造的，或者是与人类活动有关的；第二，必须是已经成为历史的过去，不可能再重新创造的。目前，各个国家对文物的称谓并不一致，其所指含义和范围也不尽相同，因而迄今尚未形成一个对文物共同确认的统一定义。

国际上，文物主要指百年以上并具有历史艺术价值的物品。文物保护单位为我国对确定纳入保护对象的不可移动文物的统称。国家对文物保护单位本体及周围一定范围实施重点保护。文物保护单位分全国重点文物保护单位、省级文物保护单位、市级和县级文物保护单位。文物保护单位分别由省、自治区、直辖市人民政府和市、县级政府划定必要的保护范围，做出标记说明，建立记录档案，并区别情况分别设置专门机构或者专人负责管理。

保护文物对研究一个国家的文化传承、保证一个民族文化的延续性有着重要作用。同时保护文物还可以增强本民族人民对本民族文化的认同，增强民族自豪感，提高凝聚力。在我国，一旦确定为文物保护单位，其保护范围内不得进行其他建设工程或者爆破、钻探、挖掘等作业。建设工程选址，应当尽可能避开不可移动文物；因特殊情况不能避开的，对文物保护单位应当尽可能实施原址保护。因特殊情况需要在文物保护单位的保护范围内进行其他建设工程或者爆破、钻探、挖掘等作业的，必须保证文物保护单位的安全，并经核定公布该文物保护单位的政府批准，在批准前应当征得上一级人民政府文物行政部门同意；在全国重点文物保护单位的保护范围内进行其他建设工程或爆破、钻探、挖掘等作业的，必须经省、自治区或直辖市人民政府批准，在批准前应当征得国务院文物行政部门同意。

赤水山川，风景秀丽，物华天宝，人杰地灵，文化遗产星罗棋布不胜枚举，省级以上文化遗产保护单位名录如下：

红军四渡赤水元厚渡口纪念碑、复兴江西会馆、赤水复兴场红军战斗遗址、赤水丙安红一军团战斗旧址、赤水红一军团一师战斗遗址、赤水元厚红一军团战斗旧址、赤水马鹿红九军团驻地旧址、赤水一碗水红军战斗遗址、赤水龙泉寺川滇黔边区游击纵队活动旧址、赤水古城垣、葫市摩崖造像、两会水石窟寺、石鹅嘴摩崖造像、天恩桥、官渡墓群、官渡岩墓、官渡崖刻、马鞍山岩墓群、赤水万寿宫、陈贡珊碑、郑氏节孝坊、整理赤水河航道碑记、官渡谢氏节孝坊、丙安纤道遗址、大同码头、丙安双龙桥、杨家岩造纸作坊遗址、周西成太极楼、沈家坝牌坊、黔中生佛碑、侯之担公馆、官渡修路诗碑、红岩洞口摩崖石刻、复兴墓地（复兴汉墓）、沈家坝牌坊、李氏节孝坊、长春桥、平滩治安晓谕碑、板桥遗址、范公义渡摩崖石刻、文昌宫遗址、小关子谢氏宗祠。

▶▶▶ 思考与实践

1. 结合乡村振兴实际，谈谈普及农村公共文化基础设施的具体思路。
2. 说说应从哪些方面丰富活跃农村文化生活。
3. 搞一次本地的社会调查，拟写一份非物质文化遗产和建筑遗迹的保护名录。

第十三讲 开展新时代文明实践移风易俗

建设新时代文明实践中心工作，是党中央站在实现农村人口全面脱贫，建成全面小康社会，迈向乡村振兴战略时间节点上做出的重大决策部署，目的是推动习近平新时代中国特色社会主义思想更加深入人心，加强和改进农村基层宣传思想文化和精神文明建设。赤水市于 2018 年 8 月成为全国首批 50 个新时代文明实践中心建设试点县（市、区）之一。

一、 新时代文明实践中心工作的主要任务和目标

建设新时代文明实践中心的主要任务是学习实践科学理论、宣传宣讲党的政策、培育践行主流价值、丰富活跃文化生活、持续深入移风易俗。实践中要求因地制宜、共建共享，整合现有资源打造文明实践理论宣讲平台、教育服务平台、文化服务平台、科技与科普服务平台、健身体育平台。新时代文明实践中心的主要工作包含"传"和"习"两个方面，"传"就是思想文化传播，即深入传播习近平新时代中国特色社会主义思想、社会主义核心价值观、中华优秀传统文化、革命文化和社会主义先进文化；"习"就是行为文明实践学习，既指思想文化的学习体验，也指行为文明的实践。

赤水市 2018 年度"奋进赤水人"表彰颁奖典礼

新时代文明实践工作的主体是志愿者，主要活动方式是志愿服务。新时代中国特色志愿服务是中国共产党领导的，以新时代中国特色社会主义思想为基础组织起来的。开展志愿服务的目标是建设中国特色志愿服务文化，弘扬"奉献、友爱、互助、进步"的志愿服务精神，把"赠人玫瑰，手有余香"具体化，推动志愿服务日常化、常态化，形成"人人为我、我为人人"的全社会良好的志愿服务氛围。

二、 大力开展新时代志愿服务

志愿服务是指志愿者、志愿服务组织和其他组织自愿、无偿向社会或者他人提供的公益服务。开展志愿服务，应当遵循自愿、无偿、平等、诚信、合法原则，不得违背社会公德、损害社会公共利益和他人合法权益，不得危害国家安全。志愿者，也称义工，是指以自己的时间、知识、技能、体力等从事志愿服务的自然人。志愿服务的范围主要包括：扶贫开发、社区建设、环境保护、抢险救灾、社会管理、文化建设、西部开发、大型赛会、应急救助、海外服务等。赤水市于 2018 年注册成立赤水市志愿服务协会组织。

赤水市文化志愿者在葫市镇小关子村宣讲党史

每个年满 18 周岁或 16 至 18 周岁以自己劳动收入为主要生活来源的公民都可申请成为志愿者。申请注册志愿者有两个渠道，一是用手机端微信或 QQ 扫描"志愿遵义"或"志愿贵州"进行账号注册，二是用电脑登录 www. zygz. org. cn（志愿贵州）或 gzzy. chinavolunteer. cn（志愿遵义）进行账号注册。志愿者每年志愿服务时长不得低于20小时。参加志愿者招募有三个步骤，首先登录"志愿贵州"或"志愿遵义"网页，并登录志愿者个人账号，然后点击"志愿项目"，设置"遵义市""招募中"，选择合适的志愿项目，点击"我要报名"，审核通过即可。

要加强对志愿服务的指导，推选的志愿服务队队长要具备相应的思想、技能、身体、组织素质，带头参加志愿服务。

要使志愿服务有效开展，关键是要加强对志愿服务的管理。一是要加强志愿服务项目设计。志愿服务项目设计要有明确的服务对象、精准的服务内容、科学合理的实施方法、显著的服务效果。志愿服务项目的设计要讲究方法，第一步展开需求调查；第二步确定服务对象；第三步制定目标和实施计划，实施计划包括负责人、活动时间、活动地点、活动内容、参与人数、所需资源等；第四步提出实施方法；第五步盘点资源，做好预算。二是加强对志愿服务队伍的管理。其一是志愿服务系统信息管理，其二是加强志愿队伍培训，其三是建立志愿服务激励机制。《中国注册志愿者管理办法》规定：志愿者注册后，参加志愿服务时间累计达到100小时、300小时、600小时、1000小时、1500小时的，分别认定为一星至五星志愿者。

志愿服务是现代社会治理的一种手段，能促进农村法治、德治、自治。工作中，要注重发动吸收农民加入志愿服务组织，让他们成为百姓身边不走的志愿者，一支助力乡村振兴的轻骑兵。

实践中，各基层新时代文明实践所、新时代文明实践站要因地制宜设计志愿服务项目，形成各具特色的志愿服务品牌。市机关工委的"走出大山"、市农业农村局的"竹艺生花"、市妇联的"赤水大姐净净成长"、市红十字会的"救在身边"、赤水义工联合会的"睿变青春"、大同镇的"茶馆磕子匠"、复兴镇的"提调官有话说"、两河口镇的"花轿计划"、官渡镇的"农民播音员"、元厚镇的"红色义务宣讲队"、石堡乡的"雏鸟守护"、宝源乡的"国旗下的传习"、丙安镇的"古镇文明你我他"等志愿服务项目，已经形成特色志愿服务品牌，在凝聚群众、引导群众、以文化人、成风化俗方面发挥了不可替代的作用。

"学习雷锋，奉献他人，提升自己。"志愿服务活动开展要经常化，党员干部带头当志愿者，不断吸引和壮大志愿服务队伍，推动全社会形成"人人为我、我为人人"的浓厚的志愿服务氛围。

三、 推动农村移风易俗

风俗，是指长期相沿积久而成的风尚、习俗。《毛诗序言》："先王以是经夫妇，成孝敬，厚人伦，美教化，移风俗。"

在新时代文明实践工作中，要有针对性地移风易俗。要坚持用习近平新时代中国特色社会主义思想武装头脑，让农民群众坚定"四个自信"。要坚持科技教育和科普教育，破除农村封建迷信。要坚持评选表彰身边好人、道德模范等，让尊老爱幼、邻里友善、奉献他人等蔚然成风。要制定村规民约，约束村民行为，推动农村自治。要广泛开展农村文化体育活动，比如举办农民丰收节、农民趣味体育运动会、农民合唱大赛、农民歌手大赛、农民广场舞大赛等农村文艺活动，杜绝农村打牌赌博陋习。要依托志愿服务项目宣传社会新风尚，革除农村薄养厚葬、滥办酒席、铺张比阔、天价彩礼、庸俗婚闹等陋习。陈规陋习非一朝一夕形成，移风易俗需要久久为功。

【典型案例】

寻找"无名英雄"志愿服务项目策划书

主办单位：赤水市新时代文明实践中心办公室

　　　　　赤水市融媒体中心

　　　　　共青团赤水市委

一、活动主题

寻找无名英雄，致敬时代先锋。

二、活动背景

赤水市正在奋力打造现代生态宜居城市和国际康养旅游目的地，经济社会发展处在爬坡上坎的攻坚关键期，需要凝聚全市人民精气神，亟须从身边榜样人物身上汲取前进动力。

三、活动目的和意义

"寻找无名英雄"志愿服务项目，旨在通过"寻找"这一过程，还原英雄当年的事迹，揭开人物背后的时代信息，从而发掘英雄人物的可贵品质，彰显奉献牺牲奋斗的时代精神。赤水市新时代文明实践中心拟于2020年1月下旬，表彰10个无名英雄，以此寻找英雄、铭记英雄、致敬英雄。

四、活动面向对象

在抗日战争、解放战争、抗美援朝战争、中印边境自卫反击战、对越自卫反击战等争取民族独立和保家卫国战争中，在新中国成立以来的土地改革、集体合作社建设，改革开放以来的经济社会建设中，很多人立下大功，但他们淡泊名利，隐姓埋名，尘封自己的辉煌人生，不为人所知。他们是"无名英雄"，不应该被时代遗忘，是我们这次志愿服务活动寻找的对象。

五、活动时间及地点

2019年12月1日—25日。全市各乡镇街道。

六、活动流程

活动名称	活动内容	实施单位/人员
1. 宣传阶段	制作宣传公益广告	电视台
	微媒体推送	各级微媒体
2. 招募志愿者	媒体志愿者5人	融媒体
	义工联合会5人	义工联合会
	文明实践中心5人	文明实践中心
	社会志愿者5人	志愿者
3. 寻找志愿者	乡镇	所在乡镇配合
	城市社区	部门配合
4. 写作编辑	文字编辑	志愿者
	图片编辑	志愿者
	视频编辑	志愿者
5. 媒体推送	融媒体中心	融媒体中心
	社会自媒体	志愿者
	新华网、网易等平台	融媒体中心
6. 救助无名英雄	义工联合会等志愿者队伍	志愿者
7. 表彰晚会	文明实践中心活动组	文明实践中心

七、活动志愿者要求

1. 志愿者有一定新闻摄影和新闻写作爱好。

2. 志愿者分5个小组，每组4人，每组成员包括1名媒体爱好者。

3. 每组志愿者寻找2个"无名英雄"。

4. 志愿者统一穿印有"寻找赤水无名英雄"字样和中国志愿服务LOGO的背心。

5. 志愿者小组要及时发布寻找挖掘出"无名英雄"微新闻。

6. 志愿者要观察"无名英雄"生活状况，发现有需要救助的对象，要发动义工联合会志愿者进行救助。

八、经费预算

项目	数量	单价：元	费用：元
寻找"无名英雄"志愿服务旗帜	5	30	150
寻找"无名英雄"背心	20	30	600
车船费	20 趟次	250	5000
合计：元	5750		

▶▶▶ 思考与实践

1. 策划一个志愿服务项目，并拟定一份切实可行的项目策划书。

2. 结合实际，说说怎样在农村宣传宣讲党的理论，打通宣传思想工作最后一公里。

第四篇　生态振兴山乡美

第十四讲　绿水青山就是金山银山

一、 "两山" 理论概述

2005 年 8 月 15 日，时任浙江省委书记的习近平同志在浙江省安吉县余村考察时，首次提出"绿水青山就是金山银山"生态环保理念，即"两山"理论。

以"两山"理念为核心的习近平生态文明思想是习近平新时代中国特色社会主义思想的重要组成部分。"既要绿水青山，也要金山银山。宁要绿水青山，不要金山银山，而且绿水青山就是金山银山"，以通俗易懂的语言深刻阐发了经济发展和生态建设之间的辩证关系，是习近平同志发出的关于生态文明建设的时代强音。

二、 绿水青山与金山银山的辩证关系

实践证明，经济发展不能以破坏生态为代价，生态本身就是经济，保护生态就是发展生产力。在实践中牢固树立"绿水青山就是金山银山"的理念，关键要把握好"绿水青山"与"金山银山"之间的辩证统一关系。

（一）既要绿水青山，也要金山银山

"既要绿水青山，也要金山银山"体现了二者之间的互融互补关系，深刻地揭示了人与自然和谐的生态伦理观。维持人与自然和谐共生的基本导向是以人的福祉为目标，而人的福祉既包含了物质需求、精神需求，也包含了对良好生态环境的需求。

（二）宁要绿水青山，不要金山银山

"宁要绿水青山，不要金山银山"体现了二者之间的彼此对应关系，清楚地表达了生态优先的环境价值观。我国人口众多、资源相对不足的现实国情决定了，在"绿水青山"和"金山银山"发生矛盾时，必须将"绿水青山"放在优先的位置。

（三）绿水青山就是金山银山

"绿水青山就是金山银山"体现了二者之间的内在统一关系，生动地诠释了生态经济的自然资本观。"绿水青山"不仅为我们提供了食物、医药和其他生产生活原料，还创造与维持了地球的生命支持系统，同时还为人类生活提供了休闲娱乐与美学享受。如果我们能将生态系统的生态环境优势转化为生态农业、生态工业和生态旅游等生态经济优势，绿水青山自然就变成了金山银山。

二、践行"两山"理论的赤水实践

赤水市围绕长江经济带"共抓大保护、不搞大开发"的要求，牢固树立和践行"绿水青山就是金山银山"的理念，坚持"生态优先、绿色发展、共建共享"战略，充分发挥全市良好的生态环境优势，让31万赤水人民过上富足生活，成功构建起生态良好、生产发展、生活富裕的生态文明"三生空间"，走出了一条生态产业化、产业生态化的绿色脱贫之路，奋力谱写了"既要绿水青山，也要金山银山""绿水青山就是金山银山"的赤水篇章。

（一）加强环境保护，坚决守护绿水青山

1. 强化环境治理

扎实打好"五大"污染防治攻坚战，划定赤水市高污染燃料禁燃区和畜禽禁养

116

区，中心城区全面禁煤，全市 10 蒸吨/小时及以下燃煤锅炉和黄标车辆全部淘汰，保持出租车和公交车百分之百使用清洁能源，逐步推进使用新能源（纯电），民用清洁能源使用率达到98%以上，农村清洁能源使用率达到 80% 以上；城镇生活污水、垃圾治理设施实现全覆盖，农村生活污水处理设施正在全面铺开，流域内城乡生活垃圾无害化处理率达到 90% 以上。

2. 强化生态保护

全力开展"绿盾"自然保护区监督检查等专项执法行动，严格执行赤水河流域"河长制"和禁渔制度，全市捕捞渔民全部实现退捕转产转业；划定赤水生态保护红线、永久基本农田、城镇开发边界"三条"控制线；治理水土流失，大力实施退耕还林（竹）工程。

（二）坚持绿色发展，提升综合实力

1. 坚持发展特色高效农业

赤水市始终坚定"十百千万"发展方向不动摇，形成"山上种竹、林下养鸡、石上栽药、水中养鱼"的赤水特色农业产业体系。

2. 坚持发展生态工业

赤水市坚持走绿色低碳循环发展之路，大力发展生态工业，着力打造以"纸制品、家具、特色食品药品、竹集成材、新技术新材料"为主的五百亿产业集群园区。

3. 坚持发展生态旅游

立足得天独厚的自然生态优势，大力推进"全域旅游、全景赤水"，实现了由生态观光旅游向康养休闲旅游转变。

4. 提升绿色城镇化水平

始终坚持统筹兼顾，城乡发展更趋协调。三十里河滨大道等城市路网日趋完善，黔北明珠文化产业园等城市综合体、飞龙广场等 5 个大中型市民休闲广场、10 个城乡农贸市场和日供 4 万吨的太和水厂相继投入使用；建成城镇和农村污水处理设施 134座，垃圾压缩中转站 18 座、一类公厕 15 座；建成农村户用卫生厕所建设 5.4 万户、村级公共卫生厕所 74 座；建成农村公路 5340 公里、农村供水工程共计 5654 处，18

个乡镇（街道）千人以上集中式饮用水源区保护设施覆盖率达到100%。赤水被列为第三批全国"城市双修"试点城市、"国家卫生城市"。

（三）坚持绿色发展，共享绿色成果

赤水市始终坚持咬住绿水青山不放松，积极探索绿水青山转变为金山银山的路径，大力发展绿色生态产业，全市经济社会得到快速发展。赤水市成为贵州首个脱贫摘帽的县级市。

赤水市森林覆盖率高达82.51%，稳居贵州省第一。赤水河、习水河出境断面水质达到地表水Ⅱ类，千人以上饮用水水源地水质达标率达到100%，全市空气环境质量达到国家二级标准，生态环境质量状况指数长期位居贵州省第一；先后获得国家生态市、全国卫生城市、"两山"理论实践创新基地等多张顶级城市名片。2019年，赤水市又获得第十届中华环境奖（城镇环境类）。近年来，赤水市生态环境持续向好，群众最关心、关注的环境问题得到有效解决，群众对环境的满意率大幅度提升。

【典型案例】

丹霞石上出传奇，"两山"理论得实现

2020年8月15日19：40，中央电视台《焦点访谈》栏目专题报道："赤水金钗石斛"，践行"两山"理念，推动绿色发展。

赤水市地处贵州省遵义市的西北边陲，这里曾经因为红军"四渡赤水"而闻名。近年来，赤水市把国土面积的48.2%都划为自然生态红线保护区，将9万亩的丹霞石变荒为绿、变废为宝，完美诠释了"绿水青山就是金山银山"。

金钗石斛是赤水市的主导产业、朝阳产业，更是群众脱贫增收致富的优势产业。赤水立足优良的生态资源禀赋，采取"合作社＋龙头企业＋农户"模式，带动全市13个乡镇、69个村、2万农户，共计5万余人脱贫，人均增收约6000元，实现了"荒石改绿地，石上生金钗"的脱贫致富路，推进生

态产业化，产业生态化，2017 年赤水市成为贵州第一个整市退出贫困序列的地区。发展金钗石斛产业，是守好发展和生态两条底线的必然选择，金钗石斛不与粮争地，可解放良田；不和草木为敌，和谐共生；不怕山高林深，还原道地；不负青山绿水，健康生态。

▶▶▶ **思考与实践**

对本村（居）的生态环境和生态产业做一次详细的调查，根据调查结果，说说你在"既要绿水青山，又要金山银山"方面还有哪些好的建议。

第十五讲　建设生态宜居的美丽乡村

牢固树立和践行"绿水青山就是金山银山"的理念，坚持尊重自然、顺应自然、保护自然，推动乡村生态振兴，建设生活环境整洁优美、生态系统稳定健康、人与自然和谐共生的生态宜居美丽乡村。

一、　持续改善农村人居环境

以建设美丽宜居乡村为导向，以农村垃圾、污水治理和村容村貌提升为主攻方向，开展农村人居环境整治行动，全面提升农村人居环境质量。

（一）大力开展农村人居环境整治

1. 直击"痛点"，垃圾收运处置不留死角

推进农村生活垃圾治理，建立健全符合农村实际、方式多样的生活垃圾收运处置体系。遵循"减量化、资源化、无害化"的原则，鼓励农村生产生活垃圾分类收集，对不同类型的垃圾选择合适的处理、处置方式。

2. 抓住"重点"，治理污水守青护绿

推进农村生活污水治理，逐步消除农村黑臭水体，加强农村饮用水水源地保护，划定水源保护范围。

水源保护范围内做到"五个禁止"：一是禁止修建渗水的厕所、化粪池和渗水坑；二是禁止设立粪便、生活垃圾的收集、转运站；三是禁止建设畜禽养殖设施；四是禁止新建、改建、扩建排放污染物的项目；五是禁止从事洗涤、旅游、水产养殖或者其他可能污染饮用水水体的活动。

水源保护范围内宜发展有机农业，采取适当农艺技术并辅以生物及物理措施，防治病虫害的发生。

3. 解决 "难点"， 改水改厕普惠民生

"小康不小康，厕所算一桩。" 厕所虽小，却关乎民生。大力推进农村"厕所革命"，以"治污治水·洁净家园"和"三清一改"攻坚行动为载体，以建设美丽宜居村庄为目标，改善如厕环境和农村群众卫生习惯。

（二）不断完善农村基础设施

强力推进实施路网、水网、电网、互联网基础设施建设，进一步提升基础设施供给质量和运行效率。

一是加快推进"四好农村路"建设，不断提高农村公路畅达深度。

二是大力改造农村集中式供水工程，重点围绕赤水河干流、习水河干流沿河乡镇（街道），加强农村饮用水水源地保护，加快解决农村"吃水难"和饮水不安全问题。

三是加快农村地区配电网建设，提升农村地区供电能力和用电质量。

四是完善乡村物流基础设施网络，支持产地建设农产品贮藏保鲜、分级包装等设施，鼓励企业在具备条件的村庄建立物流配送网点。加快推进宽带网络向村庄延伸，推进提速降费。

五是健全村庄基础设施建管长效机制，明确各方管护责任。

二、 加强乡村生态保护与修复

大力实施乡村生态保护与修复重大工程，完善重要生态系统保护制度，促进乡村生产生活环境稳步改善，自然生态系统功能和稳定性全面提升，生态产品供给能力进一步增强。

（一）统筹推进山水林田湖草系统治理

习近平同志强调，"人的命脉在田，田的命脉在水，水的命脉在山，山的命脉在土，土的命脉在树。对山水田湖进行统一保护、统一修复是十分必要的"。

进一步强化乡村的生态资源保护，保护好天然林，管护好公益林，守护好古树名木，加大退耕还林工作力度，加大农村退耕还湿和小微湿地试点建设，不断完善森林防火、森林病虫害防治等保障举措，让所有的森林、湿地都变成美丽的风景，以满足村民日益增长的优美生态环境需要，早日实现乡村生态宜居。通过山地、水系和农田

整理、自然生态的修复、防洪排涝设施等水利工程的建设，将城镇乡村建成一个自我循环、自然健康的山水林田湖草生命共同体。

（二）全面落实河长制，协同推进河道治理

全面推行河长制，是作为解决复杂水问题、维护河流健康、完善水治理体系和保障水安全的重要举措。以大数据为切入点，整合水质监测、渔业管理、防汛应急等资源，建设生态保护"天罗地网"，提高科技管河治河能力。

一是加强河湖水域岸线管理保护，严格水域、岸线等水生态空间管控；组建河流巡河保洁专业队伍，确保每条河、每座库、每条溪都有责任人。

二是实施河道疏浚工程、"彩林工程"、山水林田湖草系统治理工程、水土流失治理工程等措施多管齐下，持续改善流域生态环境，恢复河流生态廊道。

三是加强水污染防治，统筹水上、岸上污染治理，排查入河湖污染源，优化入河排污口布局。健全"村收集、镇转运、市处理"的垃圾收运处理模式，引入农村污水治理 PPP 项目，在城镇生活污水和工业污水处理全覆盖的基础上推进村级污水全覆盖。

（三）发挥自然资源多重效益

《乡村振兴战略规划（2018—2022 年）》中指出："大力发展生态旅游、生态种养等产业，打造乡村生态产业链。"赤水作为国家级自然风景名胜区，要充分挖掘本地生态资源优势和生态文化特色，在实施生态保护修复工程的同时，因地制宜设计生态旅游、生态农业等特色产业发展方案，提高绿色发展水平，进一步盘活各种自然资源。

一是进一步盘活各种自然资源，允许集体经济组织灵活利用现有生产服务设施用地开展相关经营活动。

二是鼓励各类社会主体参与生态保护修复，对集中连片开展生态修复达到一定规模的经营主体，允许在符合土地管理法律法规和土地利用总体规划、依法办理建设用地审批手续、坚持节约集约用地的前提下，利用 1% ~3% 的治理面积从事旅游、康养、农业等产业开发。

三是深化集体林权制度改革，全面开展森林经营方案编制工作，扩大商品林经营自主权，鼓励多种形式的适度规模经营，支持开展林权收储担保服务。

四是完善生态资源管护机制，设立生态管护员工作岗位，鼓励当地群众参与生态管护和管理服务。

三、农业环境污染治理

（一）开展农用地土壤污染防治

土壤污染是指在人类生产和生活中排出的有害物质进入土壤中，直接或间接地危害人畜健康的现象。农用地是最为重要的农业资源，是农产品生产的"第一车间"，承载着保证农产品数量和质量安全的重任。保护好农用地土壤环境是推进乡村生态振兴和维护国家生态安全的重要内容。

1. 农用地土壤污染预防措施

（1）科学地利用污水灌溉农田。利用污水灌溉农田时，必须符合《农田灌溉水质标准》，否则必须进行处理，符合标准要求后，方可用于灌溉农田。

（2）合理使用农药。使用农药的人员必须了解农药的有关知识，以合理选择不同农药的使用范围、喷施次数、施药时间以及用量等，使之尽可能减轻农药对土壤的污染。

（3）积极推广生物防治病虫害。积极推广生物防治方法，利用益鸟、益虫和某些病原微生物来防治农林病虫害。

2. 农用地土壤污染治理措施

（1）采用污染土壤的生物修复方法。可通过生物降解或植物吸收而被净化。严重污染的土壤可改种某些非食用的植物，如花卉、林木、纤维作物等，也可种植一些非食用的吸收重金属能力强的植物，比如：羊齿类铁角蕨属植物对土壤重金属有较强的吸收聚集能力，对镉的吸收率可达到10%，连续种植多年能有效降低土壤含镉量。

（2）采用污染土壤治理的化学方法。酸性土壤施用石灰，可提高土壤 pH 值，减少对植物的危害。对于硝态氮积累过多并已流入地下水体的土壤，一则大幅度减少氮肥施用量，二则配施脲酶抑制剂、硝化抑制剂等化学抑制剂，防止硝酸盐和亚硝酸盐的大量累积。

（3）增施有机肥料。受到重金属和农药污染的土壤，增施有机肥料可增加土壤胶

体的吸附能力，提高土壤钝化污染物的能力，从而减弱其对植物的毒害。

（4）改变轮作制度。实行水旱轮作是减轻和消除农药污染的有效措施。

（5）换土和翻土。对于轻度污染的土壤，采取深翻土或换无污染的客土的方法。对于污染严重的土壤，可采取铲除表土或换客土的方法。（注：客土是指从外地移来的土）

（二）加强养殖污染综合治理

1. 抓污染源头治理

精准饲养、源头减排是畜禽养殖污染治理关键。一是大力推广农牧结合的生态种养模式，大力推广使用有机肥，减少化肥使用量，扩大环境承载能力，实现农业生态系统的良性循环。二是推广水产生态健康养殖，科学放养水产品种，合理、适度投饵、用药，确保水质良好。

2. 畜禽粪污染资源转化利用

（1）种养结合：

①粪污全量还田模式。对养殖产生的粪便、粪水和污水集中收集，全部进入氧化塘贮存，氧化塘分为敞开式和覆膜式两类，粪污通过氧化塘贮存进行无害化处理，在施肥季节进行农田利用。

②粪便堆肥利用模式。以猪、牛、鸡、鸭、羊等规模养殖场的固体粪便为主，经好氧堆肥无害化处理后，就地农田利用或生产有机肥。

③粪水肥料化利用模式。养殖场产生的粪水经氧化塘处理储存后，在农田需肥和灌溉期间，将无害化处理的粪水与灌溉用水按照一定的比例混合，进行水肥一体化施用。

④粪污能源化利用模式（含沼渣、沼液、沼气）。以专业生产可再生能源为主要目的，依托专门的畜禽粪污处理企业，收集周边养殖场的粪便和粪水，投资建设大型沼气工程，进行厌氧发酵，沼气发电上网或提纯生物天然气，沼渣生产有机肥供农田利用，沼液供农田利用或深度处理达标排放。

（2）清洁回用。主要是粪便基质化利用。以畜禽粪污、菌渣及农作物秸秆等为原料，进行堆肥发酵，生产基质盘和基质土应用于栽培果蔬。

（三）实施农业生产农药减量行动

农药是重要的农业生产资料，对防病治虫、促进粮食和农业稳产高产至关重要。

目前，由于农药使用量较大，加上施药方法不够科学，带来生产成本增加、农产品农药残留超标、农作物药害、环境污染等问题。

1. 构建病虫监测预警体系

配备自动虫情测报灯、自动计数性诱捕器、病害智能监测仪等现代监测工具，提升装备水平，提高监测预警的时效性和准确性。

2. 推进科学用药

一是推广高效低毒低残留农药。在生产中应尽量选用被土壤吸附力强、降解快、半衰期短的低毒农药。二是推广生物降解技术。针对农药品种、环境条件在受农药污染的地块内培养专性微生物、种植特定植物、投放特定土壤动物等来降解农药。三是推广新型高效植保机械。采用低容量喷雾、静电喷雾等先进施药技术，提高喷雾对靶性，降低飘移损失，提高农药利用率。

3. 推进绿色防控

一是以"绿色食品生产基地"和"有机食品生产基地"建设为重点，建设一批绿色防控示范区，帮助农业企业、农民合作社提升农产品质量、创响品牌，带动大面积推广应用。二是大力开展清洁化生产，推进农药包装废弃物回收利用，减轻农药面源污染、净化乡村环境。

（四）开展农业白色污染综合防治

农业白色污染主要是地膜污染。地膜的主要成分是聚乙烯，在农田里完全自然分解要上百年，会带来土壤板结、出苗率低等危害。

一是构建地膜回收利用长效机制，建立市、乡、村三级农膜回收利用管控责任和网格化监管制度，杜绝地膜乱堆乱放、掩埋、焚烧现象发生。

二是合理布局废旧农田地膜回收网点，建立农药包装废弃物、地膜等回收和集中处理体系。

▶▶▶ **思考与实践**

你所在的村（居）环境存在哪些方面的问题？请拟一份合理的环境整治方案。

第十六讲　推动乡村绿色发展

一、　根植绿色发展理念，　处理好两个关系

推进乡村绿色发展，是贯彻新发展理念、实施乡村振兴战略、促进农村农业高质量发展的重要举措。推进乡村绿色发展，需要在价值导向、调控机制、动力依赖、发展路径、逻辑层次和策略选择上妥善处理好相应的辩证关系。

（一）处理好产业振兴与生态保护的关系

农民收入增加、产品有效供给是发展，资源永续利用、生态环境安全也是发展。我们既不能以牺牲生态环境为代价去换取农业短期效益，也不能以保护生态环境为借口而放弃农业持续发展。推动乡村绿色发展就是将发展的持续性和环境的永续性结合起来，在保护中发展，在发展中保护，实现产业振兴与生态环境和谐统一。

（二）处理好整体推进与局面规划的关系

乡村绿色发展涉及功能区划、生态养护、资源利用，涉及粮食安全、绿色供给、农民增收，涉及政府监管、市场主导、农民主体，领域广泛、环节诸多、主体多元，且各领域、各环节、各主体之间的关联性、互动性日益增强，每一项发展任务都会对其他任务产生重要影响，每一项发展任务又都需要其他改革措施协同配合，没有整体推进，各个单项任务就无法完成。比如：在对乡村养殖业整体规划中，要同步做好养殖过程中产生的垃圾、粪便的合理处置方案规划，要做好水源保护的规划，要做好运送路线的规划等。

二、　完善人居环境规划

坚持总体谋划、规划引领，是改善农村人居环境、建设美丽乡村的一个基本原则。

掩映在绿色中的旺隆集镇

（一）坚持全域整治

农村人居环境整治，要综合考虑地理、民俗、发展水平和农民关切，科学确定不同地区整治目标任务，把握好整治力度、建设深度、推进速度、财力承受度以及农民接受度，做到既尽力而又量力而行。将高标准农田建设、垦造耕地、矿山整治等项目，纳入全域土地综合整治与生态修复工程，通过创新土地制度供给和要素保障，优化农村生产、生活、生态用地空间布局，助推乡村振兴。充分发挥农民的主体作用，整治过程让群众参与，整治效果让群众检验，整治成效让群众受益，让广大农民在人居环境整治中有更多的获得感和幸福感。

（二）坚持因地制宜

农村人居环境整治，要立足农村特点，遵循自然规律，源于传统根脉，不搞脱离生产生活、违背农民意愿的政绩工程和形象工程，聚焦群众所思所盼，坚持"村民要什么，我们干什么"的宗旨，根据不同资源禀赋和发展需求，实行土地分类整治，宜工则工，宜农则农，宜旅则旅。

（三）坚持集约节约

农村人居环境整治，要确保山水林田得到整体保护、系统修复、区域统筹、综合治理。以土地利用总体规划为基础，强化多规融合和规划引导，促进土地资源有序流动。

（四）坚持法治先行

农村人居环境整治，要建立健全乡村规划的编制和审批制度，让规划具有法律权威性，充分发挥规划的统领指导作用，使乡村自然资源在保护、利用和管理上有规可循，坚持"美丽"接力，一以贯之，久久为功，发扬钉钉子精神，一任接着一任干，确保规划蓝图变成现实。

总之，农村人居环境整治，要按照"产业兴旺、生态宜居、乡风文明、治理有效、生活富裕"的总要求，推动城市要素向农村流动，统筹城乡发展、工业反哺农业、城市支持农村，走出一条以城带乡、以工促农、城乡一体化发展的新路子，努力造就"一个乡村就是一个旅游景点、一座乡村民居就是一道怀旧风景、一道农家土菜就是一份童年回忆"，让绿水青山成为可用可享的金山银山，努力实现美丽生态、美丽经济、美丽生活的"三美融合"，真正实现产业强、百姓富、生态美的精准脱贫目标。

【典型案例】

以"四在农家"建设绘织乡村美丽画卷

赤水市复兴镇凯旋村地处西南端，距赤水市区20千米，全村面积25千米^2，有耕地5143亩（其中田3206.85亩、土1936.15亩）、林地29009.25亩。全村辖7个村民组882户3056人，是国家级风景名胜区赤水大瀑布、燕子岩的必经之地，地理位置优越。

然而，曾经的凯旋村，守着绿水青山过苦日子，基础设施差，村民思想意识落后，产业发展缓慢，属于省级二类贫困村，村民可支配收入仅3800元。

穷则思变。2014年开始，凯旋村以"四在农家·美丽乡村"为抓手，按"六化"标准对村内道路、旅游环线、房屋外观等实施改造升级。一是实施道路硬化，新建通村公路95千米，硬化公路71千米。二是实施生态绿化，完成张家湾至库水田2千米的公路两旁绿化彩化工程，建成美丽庭院120家。

三是实施村庄美化，完成"四在农家"改造350户，完成农村危房改造270户。四是实施道路亮化，安装公路两侧路灯90盏，完成48栋房屋亮化。五是实施配套精细化，建成文化广场4个、体育健身场2个，建成幸福院、村史馆、图书室、卫生室、活动室等群众公共服务场所；实现饮水工程、通信讯号、卫生厕所、污水处理全覆盖，数字电视实现了户户通，村容村貌得到较大改观。

昔日小山村发展起农耕文化体验园、房车露营基地等旅游+农旅的一体化新业态，产业兴旺、风景如画，村民在家门口就能够稳稳当当地吃上"旅游饭"，真正将绿水青山变成了金山银山。

▶▶▶ 思考与实践

走进复兴镇凯旋村，了解当地村民在生态环境治理、生态产业发展等方面的做法。结合自己所在的村（居）说说有哪些值得借鉴的做法。

第五篇 组织振兴强后盾

以农村基层党组织建设为主线，突出政治功能，提升组织力，把农村基层党组织建成宣传党的主张、贯彻党的决定、领导基层治理、团结动员群众、推动改革发展的坚强战斗堡垒。

第十七讲 坚持党在农村基层组织
建设中的领导地位

农村工作在党和国家事业全局中具有重要战略地位，是全党工作的重中之重。坚持和加强党对农村工作的全面领导，深入实施乡村振兴战略，必须坚持党的农村基层组织领导地位不动摇。乡镇党的委员会（简称乡镇党委）和村党组织（村指行政村）是党在农村的基层组织，是党在农村全部工作和战斗力的基础，全面领导乡镇、村的各类组织和各项工作。

一、 农村基层党组织的地位

农村组织是在农村执行一定社会职能，完成特定社会目标，按照一定形式建立的共同活动的群体。我国的广大农村，存在着多种多样的组织类型。具体来说，包括基层党组织、基层政权组织、群众自治组织、经济组织、群团组织、社会组织等主要类型。

农村基层党组织，是党在农村工作和战斗力的基础，是农村各个组织和各项工作的领导核心，是实施乡村振兴战略的"主心骨"。党的十九大报告指出，党的基层组织是确保党的路线方针政策和决策部署贯彻落实的基础。必须以习近平新时代中国特色社会主义思想为统领，注重提升基层党组织组织力，发挥基层党组织领导基层治理、团结动员群众、推动改革发展的坚强战斗堡垒作用，全力助推乡村振兴战略。

（一）农村基层党组织

农村基层党组织主要是指乡镇党委和村党组织。

1. 乡镇党委

乡镇党委每届任期五年，由党员大会或者党员代表大会选举产生。乡镇党委一般设委员 7~9 名，其中书记 1 名、副书记 2~3 名，应当设组织委员、宣传委员，纪委书记由党委委员兼任。党委委员按照乡镇领导职务配备，应当进行合理分工，保证各项工作有人负责。

2. 村党组织

村党组织以村为基本单元设置。有正式党员 3 人以上的村，应当成立党支部；不足 3 人的，可以与邻近村成立联合党支部。党员人数超过 50 人的村，或者党员人数虽不足 50 人，确因工作需要的村，可以成立党的总支部。党员人数 100 人以上的村，根据工作需要，经县级地方党委批准，可以成立党的基层委员会，下设若干党支部。村党的委员会受乡镇党委领导。

村党的委员会、总支部委员会、支部委员会每届任期五年，由党员大会选举产生。党员人数 500 人以上的村党的委员会，经乡镇党委批准，可以由党员代表大会选举产生。

村党的支部委员会一般设委员 3~5 名，其中书记 1 名，必要时可以设副书记 1 名；正式党员不足 7 人的支部，不设支部委员会。村党的总支部委员会一般设委员 5~7 名，其中书记 1 名、副书记 1 名、纪检委员 1 名。村党的委员会一般设委员 5~7 名，最多不超过 9 名，其中书记 1 名、副书记 1~2 名、纪委书记 1 名。

农村基层党组织是"三农"工作的领导者、推动者和践行者，是乡村治理体系的核心，也是乡村治理的根本力量。农村基层党组织的凝聚力和战斗力强弱直接影响到

党的路线方针政策的贯彻落实，也影响党在乡村治理体系中主心骨作用的发挥。

（二）农村基层政权组织

农村基层政权组织主要指乡镇人民代表大会和乡镇人民政府。乡镇人民代表大会是具体落实党在农村工作的权力机关，乡镇人民政府是国家农业农村政策的执行机关。

乡镇人民代表大会是乡镇权力机关。乡、民族乡、镇的人民代表大会举行会议的时候，选举主席团。由主席团主持会议，并负责召集下一次的本级人民代表大会会议。乡、民族乡、镇的人民代表大会主席、副主席为主席团的成员。

乡镇人民政府是乡镇人民代表大会的执行机关，对乡镇人民代表大会负责。乡、民族乡的人民政府设乡长、副乡长，镇人民政府设镇长、副镇长，由乡镇人民代表大会根据选举办法规定选举产生。

乡镇人民代表大会和乡镇人民政府每届任期五年。

农村基层政权是国家政权体系的基础，乡镇人民政府作为国家基层政权机关，在落实党和国家的农村政策、促进农村经济发展、维护农村社会稳定方面发挥着不可替代的作用。乡村振兴战略提出构建现代乡村社会治理体制要重视发挥基层政府职能，让乡镇政权成为乡村振兴战略的政策细化者、现场组织者和具体实施者。

（三）群众自治组织

群众自治组织在农村主要指村民委员会、村务监督委员会。

1. 村民委员会

村民委员会，为中国大陆地区乡（镇）所辖的行政村的村民选举产生的群众性自治组织。村民委员会的设立、撤销、范围调整，由乡、民族乡、镇的人民政府提出，经村民会议讨论同意，报县级人民政府批准。

村民委员会由主任、副主任和委员共3~7人组成。村民委员会成员中，应当有妇女成员，多民族村民居住的村应当有人数较少的民族的成员。

村民委员会主任、副主任和委员，由村民直接选举产生。村民委员会每届任期五年，届满应当及时举行换届选举。村民委员会成员可以连选连任。

村民委员会的选举，由村民选举委员会主持。村民选举委员会由主任和委员组成，由村民会议、村民代表会议或者各村民小组会议推选产生。村民选举委员会成员被提名为村民委员会成员候选人，应当退出村民选举委员会。

2. 村务监督委员会

村应当建立村务监督委员会或者其他形式的村务监督机构，负责村民民主理财，监督村务公开等制度的落实，其成员由村民会议或者村民代表会议在村民中推选产生，其中应有具备财会、管理知识的人员。村民委员会成员及其近亲属不得担任村务监督机构成员。村务监督机构成员向村民会议和村民代表会议负责，可以列席村民委员会会议。

村务监督委员会由主任、副主任和成员根据村民委员会的总人数由 3~7 人组成，其中主任 1 名，副主任 1~2 名。村务监督委员会根据各村实际情况可下设村务公开、财务、重点工程、治保安全、环境卫生等监督小组，组长一般由村务监督委员会成员担任。

（四）农村经济组织

农村经济组织主要指农村集体经济组织和股份合作组织，如村集体股份经济合作社、农民专业合作社等。

农村集体经济组织是一个村办经济实体，是农村村民成员利用集体所有的生产资料，通过共同劳动、联合经营的方式，来实现共同发展的一种经济组织。2020 年 5 月，

两河口镇黎明村村集体经济一年一度分红会

十三届全国人大三次会议通过的《中华人民共和国民法典》规定"农村集体经济组织依法取得法人资格",赋予了农村集体经济组织法人的特别法人地位。

股份合作组织是新型集体经济的基本形式,是农村集体经济适应市场不断变化而构建的一种新型组织类型。《中共中央、国务院关于坚持农业农村优先发展做好"三农"工作的若干意见》指出:"加快推进集体经营性资产股份合作制改革,继续扩大试点范围。"在农村,主要在把农村集体资产量化到个人的基础上,采取以劳动联合为主、资本联合为辅的方式进行。农村经济组织既是农村基层党组织和基层政权、村民自治组织的物质基础,同时也是吸引人才的重要渠道。

(五)农村群团组织

农村群团组织主要指以工会、共青团、妇联为代表的群团组织。

群团组织是党领导下的政治组织,在密切联系群众、有效整合资源、促进乡村振兴方面具有不可替代的作用,是乡村基层治理的重要补充力量,必须保持和增强政治性、先进性、群众性。

(六)农村社会组织

农村社会组织主要指志愿者协会、老年协会等服务性、公益性、互助性组织。

农村社会组织是促进农民组织化的重要途径,也是社会治理新格局中的协同力量,有利于构建多元、开放的乡村治理体系,有利于推进乡村振兴。

二、 构建在党领导下的共建共治共享新格局

党的十九届四中全会提出,以习近平新时代中国特色社会主义思想为指导,按照实施乡村振兴战略的总体要求,坚持和加强党对乡村治理的集中统一领导,坚持把夯实基层基础作为固本之策,坚持把治理体系和治理能力建设作为主攻方向,坚持把保障和改善农村民生、促进农村和谐稳定作为根本目的,建立健全党委领导、政府负责、社会协同、公众参与、法治保障、科技支撑的现代乡村社会治理体制,以自治增活力、以法治强保障、以德治扬正气,健全党组织领导的自治、法治、德治"三治"相结合的乡村治理体系,构建共建共治共享的社会治理格局,走中国特色社会主义乡村善治之路。

（一）突出自治基础作用

1. 村民自治的概念

村民自治作为我国农村基层民主政治建设的一种制度安排，是现阶段具有中国特色的农村基层民主最基本的形式。村民自治是指村民在基层党组织的领导下，依据法律法规和村民自治章程行使民主选举、民主决策、民主管理和民主监督的权利，实行自我管理、自我教育和自我服务，从而推进农村社会的进步和经济的发展。村民委员会是村民自治的组织形式。

2. 村民自治的主要内容

（1）依法民主选举。《中华人民共和国村民委员会组织法》规定，村民委员会成员由村民直接选举产生，任何组织或者个人不得指定、委派或者撤换村民委员会成员。村民委员会每届任期五年，届满应当及时举行换届选举。村民委员会的选举，由村民选举委员会主持。民主选举村民委员会以时间为序分为选举准备阶段、选举实施阶段、验收总结阶段，实施步骤分为组建选举委员会、选民登记、提名候选人、确定正式候选人、投票选举、公布选举结果等环节，每一环节应当遵守法律法规，依法进行。

（2）科学民主决策。民主决策是指在决策的规则和程序方面，保证广泛的人民参与，倾听意见并集中民智，使决策建立在民主和科学的基础之上。民主决策主体为本村 18 周岁及以上具有民主政治权利的村民。民主决策形式主要为村民大会和村民代表会议。民主决策内容包括：本村享受误工补贴的人员及补贴标准；从村集体经济所得收益的使用；本村公益事业的兴办和筹资筹劳方案及建设承包方案；土地承包经营方案；村集体经济项目的立项、承包方案；宅基地的使用方案；征地补偿费的使用、分配方案；以借贷、租赁或者其他方式处分村集体财产；村民会议认为应当由村民会议讨论决定的涉及村民利益的其他事项。村民会议可以授权村民代表会议决策事项。民主决策的程序即召开村民会议或村民代表会议的法定程序。

（3）规范民主管理。民主管理是指村民在基层党组织的领导下依法依章管理本村事务的行为总和。民主管理主要内容为村级权力公开，落实《村级小微权力清单》，公开村级小微权力事项，以便民、利民原则制定并公开公共事项的办事流程，全面推行"一站式"服务，提高村级民主管理服务水平；村级事务公开，落实党务、村务、

财务"三公开"制度，及时公开组织建设、公共服务、经济建设、工程项目等重大事项，实现公开经常化、制度化和规范化；落实民主管理制度，包括"四议两公开"制度、重大事项"一事一议"制度、财务管理制度、党员联系群众制度等。

（4）强化民主监督。民主监督主体为本村村民，村务监督委员会是其组织形式。村应当建立村务监督委员会，负责民主监督日常工作。民主监督的主要内容包括：选优配强村务监督委员会，把品行良好、公道正派、责任心强、热心本村公共事业、具备一定财务管理能力的乡村人才选进村务监督委员会，建强监督机构；民主评议村干部，村民委员会成员依法接受村民会议或者村民代表会议对其履行职责情况的民主评议，民主评议每年至少进行一次，由村务监督委员会主持；严肃审计责任追究，村民委员会成员实行任期和离任经济责任审计，对于审计中发现涉嫌违法犯罪的，依法移送有关部门处理。

（二）增强法治保障作用

1. 乡村法治的概念

乡村法治是指以民主为前提和基础，以严格依法办事为核心，以制约权力为关键的乡村管理机制、活动方式和乡村社会秩序状态。简言之，就是村民依法治村。乡村法治要遵循党的领导原则、以人民为中心原则、自治法治德治结合原则、从实际出发原则，确保法治乡村建设始终沿着正确方向发展。

2. 乡村法治的主要内容

（1）加强乡村法治宣传教育。深入宣传习近平同志全面依法治国新理念新思想新战略，深入开展宪法宣传教育，组织实施"宪法进万家"活动。通过以案普法、以案释法方式，深入宣传与群众生产生活密切相关的法律法规。统筹运用基层法治宣传阵地，为群众搭建有效学法平台。充分利用"12·4"国家宪法日、宪法宣传周等时间节点，组织开展法治宣传教育活动。实施农村"法律明白人"培养工程，重点培育一批以村两委班子成员、人民调解员、网格员、村民小组长等为重点的"法治带头人"。

（2）完善乡村公共法律服务。打造综合性、一站式的服务平台，为村民提供普惠优质高效的公共法律服务。进一步加强乡村法律顾问工作，落实一村一法律顾问制度，规范服务内容，创新服务方式，强化工作保障，为农村基层组织和人民群众处理涉法事务提供专业优质便捷的法律服务。加强涉农法律援助工作，逐步将与农民生产生活紧密相关的事项纳入法律援助补充事项范围。

（3）健全乡村矛盾纠纷化解和平安建设机制。坚持和发展新时代"枫桥经验"，加强溯源治理，畅通和规范群众诉求表达、利益协调、权益保障通道，完善社会矛盾多元预防调处化解综合机制，将矛盾化解在基层，做到"小事不出村、大事不出乡"。完善基层人民调解组织网络，发展乡村专职人民调解员队伍，加强对人民调解员法律政策、专业知识和调解技能等方面的培训，充分发挥人民调解在化解基层矛盾纠纷中的主渠道作用。深化平安乡村建设，健全农村社会治安防控体系、公共安全体系，推进乡村"雪亮工程"。加强农村警务建设，推行"一村一辅警"机制。开展农村突出治安问题专项整治，净化社会环境。

（4）推进乡村依法治理。坚持用法治思维引领乡村治理，严格依照法律法规和村规民约规范村干部及村民的行为。全面推行村党组织书记通过法定程序担任村民委员会主任和村级集体经济组织、合作经济组织负责人。引导村民在村党组织的领导下依法制定和完善村民自治章程、村规民约等自治制度，充分发挥村规民约在乡村治理中的作用。依法公开党务、村务、财务，建立健全村级小微权力监督制度，形成群众监督、村务监督委员会监督、上级党组织和有关部门监督与会计核算监督、审计监督等全程实时、多方联网的监督体系。

（5）加快"数字法治·智慧司法"建设。充分运用大数据、云计算等现代信息技术，推进"数字法治·智慧司法"建设，围绕群众需求，提供精准化、精细化的公共法律服务，为法治乡村建设提供信息化、智能化支撑。加强移动端的推广使用，拓展利用移动端开展服务的新形式，实现法治宣传、法律服务、法律事务办理"掌上学""掌上问""掌上办"。加快乡镇网上政务便民服务体系建设，构建全流程一体化在线服务平台和便民服务网络，大力推行"最多跑一次""马上办、网上办、一次办"等便民举措，让农民群众足不出户就能办事、办成事。

（6）深化法治乡村示范建设。以"民主法治示范村"建设为载体，通过典型示范，引领带动法治乡村建设。突出示范建设质量，根据"民主法治示范村"建设指导标准，推进"民主法治示范村"建设科学化、规范化。加强"民主法治示范村"普法骨干培训，提高村干部建设法治乡村的能力。

（三）发挥德治支撑作用

1. 乡村德治的重要意义

德治是通过道德建设来指导、教育、规范人们的行为。习近平同志指出："法律是成文的道德，道德是内心的法律，法律和道德都具有规范社会行为、维护社会秩序的作用。治理国家、治理社会必须一手抓法治、一手抓德治，既重视发挥法律的规范作用，又重视发挥道德的教化作用，实现法律和道德相辅相成、法治与德治相得益彰。"乡村振兴，让广大乡村美于外、秀于中，德治尤为重要。

2. 乡村德治的主要内容

（1）培育和践行社会主义核心价值观。坚持教育引导、实践养成、制度保障三管齐下，推动社会主义核心价值观落细落小落实。通过新时代文明实践中心、农民夜校等渠道，组织村民学习习近平新时代中国特色社会主义思想，广泛开展中国特色社会主义和实现中华民族伟大复兴的中国梦宣传教育，用中国特色社会主义文化、社会主义思想道德牢牢占领农村思想文化阵地。

（2）实施乡风文明培育行动。弘扬崇德向善、扶危济困、扶弱助残等传统美德，培育淳朴民风。开展好家风建设，传承传播优良家训。全面推行移风易俗，革除陈规陋习。加强村规民约建设，依靠群众因地制宜地依法制定村规民约，提倡把喜事新办、丧事简办、弘扬孝道、尊老爱幼、扶残助残、和谐敦睦等内容纳入村规民约，强化党组织领导和把关，实现村规民约行政村全覆盖。建立健全村规民约监督和奖惩机制，注重运用舆论和道德力量促进村规民约有效实施，对违背村规民约的，在符合法律法规前提下运用自治组织的方式进行合情合理的规劝、约束。

（3）发挥道德模范引领作用。深入实施公民道德建设工程，加强社会公德、职业道德、家庭美德和个人品德教育。大力开展文明村镇、农村文明家庭、星级文明户、五好家庭等创建活动，广泛开展农村道德模范、最美邻里、身边好人、新时代好少年、寻找最美家庭等活动，开展乡风评议，弘扬道德新风。

（4）加强农村文化引领。加强基层文化产品供给、文化阵地建设、文化活动开展和文化人才培养。传承发展提升农村优秀传统文化，加强传统村落保护。结合传统节日、民间特色节庆、农民丰收节等，广泛开展乡村文化体育活动。加快乡村文化资源数字化，让农民共享城乡优质文化资源。挖掘文化内涵，培育乡村特色文化产业，助推乡村旅游高质量发展。

（四）"三治"结合提升基层治理水平

农村社会治理，必须坚持自治为基、法治为纲、德治为先，以法治强保障、以德治扬正气、以自治增活力，健全和创新农村党组织领导的充满活力的村民自治机制，强化依法治理理念，以德治滋养法治、涵养自治，让德治贯穿乡村治理全过程。

在基层治理中，自治是社会基层运行的基本方式和依托；法治是自治与德治的保障；德治是认同基础，在矛盾尚未出现或萌芽的时候能够发挥预防、调节作用，同时在自治与法治之间起到润滑作用。"三治"结合并非三者的简单相加，而是将三者的功能更好结合在一起，综合发挥作用。"三治"缺一不可：德治缺失，会导致治理成本大幅提高；自治或法治缺失，基层社会秩序就难以维持，因而不能把"三治"割裂开来。

健全"三治"结合的基层治理体系。首先要创新"三治"结合的有效载体。当前全国基层治理的创新做法很多，要善于将其中的有益做法进行总结、提升，充分结合本地实际，创新"三治"结合的有效载体。其次要扩大社会力量的有序参与。基层事务烦琐复杂，基层政府不能大包大揽，应扩大社会力量有序参与，让社会力量积极发挥作用，要形成一整套社会力量有序参与的体制机制，实现政府治理和社会调节、居民自治良性互动，完善群众参与基层社会治理的制度化渠道。此外还需要充分利用信息技术手段实现智慧治理。建立人与人、人与物、人与组织的有效连接，更好地实现基层社会治理主体的全面联系、联动，实现精细化管理；依靠大数据分析和预警，将"事后风险"提到"事前预防"；依靠"互联网＋电子政府"，将"最多跑一次"等改革延伸到基层，让广大人民群众及时共享政府改革的成果。

三、 推进基层党组织规范化标准化建设

赤水市按照《遵义市村（社区）党组织标准化规范化建设清单》和《遵义市村级阵地"5＋3＋N"规范化建设清单》内容，结合基层党建"整乡推进、整县提升"示范创建行动，围绕基本组织设置、基本队伍建设、基本制度执行、基本任务落实、基本保障配套"五个基本"要求和班子队伍标准化、组织建设标准化、党员管理标准化、党内生活标准化、工作体系标准化、基础保障标准化"六化"内容，大力推进党

支部标准化规范化建设。

遵义市村（社区）党组织标准化规范化建设清单

项　目	建设内容及标准	备注
组织设置	1. 村（社区）党组织设置符合《中国共产党支部工作条例（试行）》规定。	
	2. 开展"村级党组织＋网格化党组织"组织体系建设。	
	3. 党员人数较多的党支部，因地制宜划分党小组。	
	4. 村（社区）党组织班子设置符合《中国共产党农村基层组织工作条例》等相关规定。	
	5. 村（社区）党组织书记、村（居）民委员会主任实行"一肩挑"。	
队伍建设	1. 每两年至少发展1名党员，每年至少培养1名入党积极分子。	
	2. 流动党员管理责任落实到人，每季度开展1次流入、流出党员情况排查。	
	3. 每个村（社区）至少储备2名村级后备力量。村（社区）党组织班子落实专人帮带。	
	4. 党员每月按时足额交纳党费，党组织每年第一季度公布上年度党费收缴使用情况。	
制度执行	1. 认真执行"三会一课"制度。	
	2. 每年至少召开1次组织生活会。	
	3. 每月固定一天开展主题党日活动。	
	4. 每年开展一次民主评议党员活动。	
	5. 每年开展1次党支部书记抓基层党建工作述职评议考核工作。	
	6. 按"四议两公开"要求推进民主管理。	
任务落实	1. 推进乡村（社区）治理。	
	2. 做好宗教工作。	
	3. 发展1个以上村级合作经济组织，发展壮大村级集体经济。	
	4. 推进乡村（社区）法治建设，持续推进扫黑除恶斗争。	
	5. 加强和改进思想政治工作，加强意识形态工作。	

（续表）

项　目	建设内容及标准	备注
保障配套	1. 村党组织运转经费每年不少于5万元，服务群众专项经费不少于3万元。城市社区党组织运转经费每年不少于5万，服务群众专项经费不少于10万元。	
	2. 村党组织办公阵地不少于400平方米；社区活动场所和办公用房面积，原则上老城区每个社区不低于200平方米，旧城改造和新区建设原则上按每100户10—20平方米的标准配套。村级活动场所要凸显政治功能，达到"六有"标准（有场所、有设施、有标志、有党旗、有书报、有制度）。	
	标识标牌 ①原则上村（社区）在办公场所主楼前设置旗杆并升挂国旗。 ②办公场所设置"××乡镇（街道）××村（社区）党群服务中心"。 ③对外悬挂村（社区）党组织、村（居）民委员会、村（居）务监督委员会函牌。 ④村（社区）在场所外设立村（社区）党务公开栏、村（居）务公开栏。公示栏内要设置村（社区）党组织、村（居）民委员会、村（居）务监督委员会组成人员岗位牌。	
	服务大厅 ①服务平台有工作人员岗位牌（包括姓名、职务、负责业务、电话）。 ②服务大厅正面墙上为"为人民服务"字样。 ③设置资料翻阅台（架），放置各类办理事项所需资料清单等。 ④有可翻阅式报刊栏（架）。	
	室内廊道 结合实际，立足面向来往办事群众和工作人员，适当布局党建文化、励志语录以及具有地方特色的村社文化等 。	
	党员活动室 **（小会议室）** ①有党旗，党员的权利、义务，入党誓词。 ②有"三会一课"、组织生活会制度、民主评议党员制度。 ③有发展党员工作流程图。 ④有条件的可布置荣誉墙。	
	群众活动室 **（大会议室）** ①主席台墙面有党旗、入党誓词。 ②会议室两侧做适当布置。	
	办公室 **（功能室）** ①坚持"办公场所最小化、服务功能最大化"，原则上支书、主任"一肩挑"的，可单设办公室，上墙制度为支书职责和主任职责，其他一般不予上墙。其余社区干部原则上不再依据其职务对应设置办公室。 ②按照"一室多用"的原则，围绕为民、便民、亲民的要求，因地制宜设置配套功能室，一室可设立多个门牌，但最多不能超过四个，门牌为可换置门牌，排第一位的门牌内容为对应房间主要功能内容。 ③办公室（功能室）上墙资料应坚持简洁、规范的原则。做到上墙版面规范、简洁，门牌统一、规范，注重整体效果，相互协调。	

（续表）

项　　目	建设内容及标准	备注
标准化 规范化 负面清单	1. 当年在镇（街道）年度考核中挂末的。	
	2. 村（社区）党组织书记空缺 1 个月以上或党组织班子其他委员出缺 3 个月以上的。	
	3. 年度内有村（社区）干部涉黑恶被处理的。	
	4. 村内无党组织领导下的合作社主导型集体经济的或村集体经济积累在 5 万元以下的。	
	5. 当年未吸收入党积极分子或 2 年内未发展党员的。	
	6. 村（社区）有党员信教的。	
	7. 办公阵地对外挂牌过多的，卫生环境经常脏乱差的。	
	8. 村（社区）党员超过 50 名，未设立党总支部或党的基层委员会的。	
	9. 党组织网格设置未完成的。	
	10. 属坝区所在村（社区），未设立坝区党组织的。	
	11. 意识形态领域管理不严，出现网格舆情事件造成负面影响的。	
	12. 村（社区）内发生重大责任安全事故的。	
	13. 发生生态环境问题被追责问责的。	
	14. 村（社区）出现越级非访的。	
	15. 其他需纳入负面清单管理的。	

▶▶▶ 思考与实践

1. 组织一次主题班会，结合 2020 年影响世界的新冠肺炎疫情，谈谈加强农村党组织建设的重要性和必要性。

2. 谈谈德治、法治、自治的辩证关系，浅议加强农村德治、法治、自治的具体措施。

第十八讲　加强农村党员干部队伍建设

《中国共产党农村工作条例》规定："各级党委应当把懂农业、爱农村、爱农民作为基本要求，加强农村工作队伍建设。"乡镇党委书记、村党组织书记、村党组织第一书记以及农村党员、干部队伍，是新时代农村工作队伍的主要力量。发挥好这支农村工作队伍的重要作用，对实施乡村振兴战略至关重要。

一、　乡镇党委班子建设

乡镇党委是党在农村的基层组织，是党在农村全部工作和战斗力的基础，全面领导乡镇各类组织和各项工作。乡镇党委的主要职责是：一是宣传和贯彻执行党的路线方针政策和党中央、上级党组织及本乡镇党员代表大会（党员大会）的决议。二是讨论和决定本乡镇经济建设、政治建设、文化建设、社会建设、生态文明建设和党的建设以及乡村振兴中的重大问题。需由乡镇政权机关或者集体经济组织决定的重要事项，经乡镇党委研究讨论后，由乡镇政权机关或者集体经济组织依照法律和有关规定做出决定。三是领导乡镇政权机关、群团组织和其他各类组织，加强指导和规范，支持和保证这些机关和组织依照国家法律法规以及各自章程履行职责。四是加强乡镇党委自身建设和村党组织建设，以及其他隶属乡镇党委的党组织建设，抓好发展党员工作，加强党员队伍建设。维护和执行党的纪律，监督党员干部和其他任何工作人员严格遵守国家法律法规。五是按照干部管理权限，负责对干部的教育、培训、选拔、考核和监督工作。协助管理上级有关部门驻乡镇单位的干部，做好人才服务和引进工作。六是领导本乡镇的基层治理，加强社会主义民主法治建设和精神文明建设，加强社会治安综合治理，做好生态环保、美丽乡村建设、民生保障、脱贫致富、民族宗教等工作。

乡镇党委书记是党在农村基层政权的执政骨干。加强乡镇党委书记队伍建设，培养造就一支思想政治素质好、贯彻执行政策能力强、处理复杂问题能力强、联系服务群众能力强的乡镇党委书记队伍，对于夯实党在农村的执政基础、巩固农村基层政权、深入实施乡村振兴战略十分重要。乡镇党委书记需具备一定的理论和政策水平，坚持依法办事，具有较强的组织协调能力、群众工作能力、处理农村复杂问题的能力，熟悉党务工作和"三农"工作，带头实干、敢抓敢管。要坚持把实施乡村振兴战略作为"一把手"工程，把责任扛在肩上、抓在手上，解决"说起来重要、干起来次要、忙起来不要"的问题；乡镇党委书记和党委领导班子其他成员要包村联户，经常沉下去摸情况、查问题，及时研究解决。将实施乡村振兴战略情况作为乡镇党委书记抓基层党建述职评议考核的重要内容，对履行乡村振兴第一责任人职责情况开展督查考核，最大限度激发乡镇党委书记抓乡村振兴的动力。

二、 村支部班子建设

村党组织是党在农村全部工作和战斗力的基础，全面领导村的各类组织和各项工作。村党组织的主要职责是：一是宣传和贯彻执行党的路线方针政策和党中央、上级党组织及本村党员大会（党员代表大会）的决议。二是讨论和决定本村经济建设、政治建设、文化建设、社会建设、生态文明建设和党的建设以及乡村振兴中的重要问题并及时向乡镇党委报告。需由村民委员会提请村民会议、村民代表会议决定的事情或者集体经济组织决定的重要事项，经村党组织研究讨论后，由村民会议、村民代表会议或者集体经济组织依照法律和有关规定做出决定。三是领导和推进村级民主选举、民主决策、民主管理、民主监督，推进农村基层协商，支持和保障村民依法开展自治活动。领导村民委员会以及村务监督委员会、村集体经济组织、群团组织和其他经济组织、社会组织，加强指导和规范，支持和保证这些组织依照国家法律法规以及各自章程履行职责。四是加强村党组织自身建设，严格组织生活，对党员进行教育、管理、监督和服务。负责对要求入党的积极分子进行教育和培养，做好发展党员工作。维护和执行党的纪律。加强对村、组干部和经济组织、社会组织负责人的教育、管理和监督，培养村级后备力量。做好本村招才引智等工作。五是组织群众、宣传群众、凝聚群众、服务群众，经常了解群众的批评和意见，维护群众正当权力和利益，加强对群众的教育引导，做好群众思想政治工作。六是领导本村的社会治理，做好本村的社会主义精神文明建设、法治宣传教育、社会治安综合治理、生态环保、美丽村庄建设、民生保障、脱贫致富、民族宗教等工作。

村党组织书记是村班子的"领头雁"。加强村党组织书记队伍建设，是农村基层组织建设的重中之重，是实施乡村振兴战略的关键所在。目前，有的农村党组织书记引领发展、推动改革、维护稳定能力不强，服务意识、服务水平不高，不能很好适应群众期盼。《中国共产党农村基层组织工作条例》规定："村党组织领导班子应当由思想政治素质好、道德品行好、带富能力强、协调能力强，公道正派、廉洁自律，热心为群众服务的党员组成。村党组织书记还应当具备一定的政策水平，坚持依法办事，善于做群众工作，甘于奉献、敢闯敢拼。"要严把选拔标准，拓宽选拔范围，大力培养培育，着力选好配强村党组织书记。村党组织书记应当具备良好政治素质，带头发挥先锋模范作用，在党员、群众中有较高威信，一般应当具有一年以上党龄。注重从本村致富能手、外出务工经商返乡人员、本乡本土大学毕业生、退役军人中的党员培养选拔，要注重储备优秀后备干部队伍，将"一懂两爱"作为选拔的重要要求，把农村能人培养为党员、把党员能人培养为村党组织书记。村党组织书记应当通过法定程序担任村民委员会主任和村级集体经济组织、合作经济组织负责人，实行村党组织书记和村委会主任"一肩挑"。村党组织书记由县级党委组织部门备案管理。

　　支委委员根据分工情况负责相应支部工作。

三、 农村党员队伍建设

　　党员是党的肌体的细胞和党的活动的主体。农村基层党组织要把发展党员作为重要工作，不断吸收新鲜血液，优化党员队伍，提升农村党员队伍活力。

　　发展党员工作应当贯彻党的基本理论、基本路线、基本纲领、基本经验、基本要求，按照"控制总量、优化结构、提高质量、发挥作用"的总要求，坚持党章规定的党员标准，始终把政治标准放在首位；坚持慎重发展、均衡发展，有领导、有计划地进行；坚持入党自愿原则和个别吸收原则，成熟一个，发展一个。年满十八岁的中国工人、农民、军人、知识分子和其他社会阶层的先进分子，承认党的纲领和章程，愿意参加党的一个组织并在其中积极工作、执行党的决议和按期交纳党费的，可以申请加入中国共产党。

　　发展党员程序有申请入党阶段、确定入党积极分子阶段、确定和考察发展对象阶段、接收预备党员阶段、预备党员转正阶段这 5 个大阶段，有 25 个程序。详细如下：

　　申请入党阶段：递交入党申请书→党组织派人谈话；

入党积极分子的确定和培养教育阶段：推荐和确定入党积极分子→上级党委备案→指定培养联系人→培养教育考察；

发展对象的确定和考察阶段：确定发展对象→报上级党委备案→确定入党介绍人→进行政治审查→开展集中培训；

预备党员的接收阶段：支部委员会审查→上级党委预审→填写入党志愿书→支部大会讨论→上级党委派人谈话→上级党委审批→再上一级党委组织部门备案；

预备党员的教育考察和转正阶段：编入党支部和党小组→入党宣誓→继续教育考察→提出转正申请→支部大会讨论→上级党委审批→材料归档。

党的十八大以来，以习近平同志为核心的党中央把党员教育管理作为党的建设一项基础性经常性工作来部署推进，从严从实教育管理党员，推动管党治党不断从宽松软走向严紧硬，取得明显成效。

党员教育管理工作遵循以下原则：坚持党要管党、全面从严治党，将严的要求落实到党员教育管理工作全过程和各方面，党员领导干部带头接受教育管理；坚持以党的政治建设为统领，突出党性教育和政治理论教育，引导党员遵守党章党规党纪，不忘初心、牢记使命；坚持围绕中心、服务大局，注重党员教育管理质量和实效，保证党的理论和路线方针政策、党中央决策部署贯彻落实；坚持从实际出发，加强分类指导，尊重党员主体地位，充分发挥党支部直接教育、管理、监督党员作用。

党员教育基本任务主要有加强政治理论教育，突出政治教育和政治训练，强化党章党规党纪教育，加强党的宗旨教育，进行革命传统教育，开展形势政策教育，注重知识技能教育等方面。

党员违纪违法将根据具体情形接受警告、严重警告、开除党内职务、留党察看、开除党籍等处分。具有下列情形之一的，按照规定程序给予除名处置：理想信念缺失，政治立场动摇，已经丧失党员条件的，予以除名；信仰宗教，经党组织帮助教育仍没有转变的，劝其退党，劝而不退的予以除名；因思想变化提出退党，经教育后仍然坚持退党的，予以除名；为了达到个人目的以退党相要挟，经教育不改的，劝其退党，劝而不退的予以除名；限期改正期满后仍无转变的，劝其退党，劝而不退的予以除名；没有正当理由，连续六个月不参加党的组织生活，或者不缴纳党费，或者不做党所分配的工作，按照自行脱党予以除名。

各级党组织要教育引导广大党员按照"四讲四有"标准，即讲政治有信念、讲规矩有纪律、讲道德有品行、讲奉献有作为，做到政治合格、执行纪律合格、品德合格、发挥作用合格。

四、 基层干部队伍建设

农村基层干部队伍包括乡镇党政领导班子成员及其他干部、村两委班子成员及其他干部、村党组织第一书记及其他驻村干部，等等。农村基层干部应当认真学习和忠实践行习近平新时代中国特色社会主义思想，学习党的基本理论、基本路线、基本方略，学习必备知识技能。懂农业，掌握"三农"政策，熟悉农村情况，有能力、有措施、有办法解决实际问题；爱农村，扎根农村基层，安身安心安业，甘于奉献、苦干实干；爱农民，对农民群众充满感情、始终放在心上，把农民群众的利益摆在第一位，与农民群众想在一起、干在一起，不断创造美好生活。农村基层干部队伍要坚持实事求是，不准虚假浮夸；坚持依法办事，不准违法乱纪；坚持艰苦奋斗，不准奢侈浪费；坚持说服教育，不准强迫命令；坚持廉洁奉公，不准以权谋私。坚决反对形式主义、官僚主义、享乐主义和奢靡之风。

要加强教育培训，提高农村基层干部带领群众增收致富、做好群众工作、化解社会矛盾、依法管理社会事务的能力。农村基层干部要践行群众路线，会开群众会、会讲群众话、会办群众事、会懂群众心。要充分信任农村基层干部，放手让基层干部去闯、去试、去拼，激发创新活力，推动农村改革发展。

▶▶▶思考与实践

简述发展党员五个阶段的具体程序。

第十九讲　发挥基层党组织的
战斗堡垒作用

　　习近平同志在党的十九大报告中指出："党的基层组织是确保党的路线方针政策和决策部署贯彻落实的基础。"目前，一些农村基层党组织软弱涣散，干部队伍结构不合理，带动农民共同发展的能力不强、手段不多，组织力、凝聚力下降，有些农村地区被黑恶势力、非法宗教势力渗透，长此以往将严重影响党的群众基础，侵蚀党的执政根基。党的基层组织是党的肌体的"神经末梢"，发挥着战斗堡垒作用。加强农村基层党组织建设，要以提升组织力为重点，突出政治功能，发挥组织功能，从严抓好落实，把党员有效组织起来，把人才有序凝聚起来，把群众广泛动员起来，为实施乡村振兴战略提供坚强组织保证。

一、突出"讲政治"

　　政治属性是党组织的根本属性，政治功能是党组织的基本功能。人心向背、力量对比是决定党和人民事业成败的关键，是最大的政治。政治功能，说得简洁一点，就是争取人、凝聚人、团结人、教育人的功能。但是，在农村，有的基层党组织说话没人听，办事没人跟，各自为战，一盘散沙。这就是政治功能不强，或者政治功能发挥不好。要着力解决党的领导弱化、虚化、边缘化问题，就必须突出政治功能，把农村基层党组织建设成为宣传党的主张、贯彻党的决定、领导基层治理、团结动员群众、推动改革发展的坚强战斗堡垒，让党的旗帜在每一个基层阵地高高飘扬。

（一）宣传党的主张

　　基层党组织政治属性的体现，首先是通过有力有效的宣传教育，使党的主张转化为党员的思想觉悟，转化为群众的自觉行动。习近平新时代中国特色社会主义思想，是新时代中国共产党的思想旗帜，是国家政治生活和社会生活的根本方针，是当代中国马克思主义、21 世纪马克思主义，为实现中华民族伟大复兴提供了行动指南。党的十九大把习近平新时代中国特色社会主义思想确立为党必须长期坚持的指导思想并写入党章，十三届全国人大一次会议把这一重要思想载入宪法，实现了党和国家指导思想的与时俱进。农村基层党组织重点是学习宣传贯彻习近平新时代中国特色社会主义思想。以习近平新时代中国特色社会主义思想为首要内容，教育引导党员坚定理想信念，筑牢信仰之基、补足精神之钙、把稳思想之舵，切实增强"四个意识"、坚定"四个自信"、做到"两个维护"。认真落实不忘初心、牢记使命的制度，推动学习贯彻习近平新时代中国特色社会主义思想融入日常、抓在经常，着力解决学习不自觉、不系统、不深入和落实不到底、行动跟不上的问题。深入开展"牢记嘱托、感恩奋进"教育，传承红色基因，讲好赤水故事。把学习宣传贯彻习近平新时代中国特色社会主义思想贯穿"三会一课"、主题党日等组织生活的全过程各方面。

（二）贯彻党的决定

党的决策部署能否贯彻落实到基层，是检验基层党组织政治领导力的试金石。全面从严治党的生动实践证明，基层党组织的领导核心作用落实不好，党的路线方针政策就难以贯彻落实到基层。习近平同志在全国组织工作会议等一系列重要会议上旗帜鲜明地强调坚持和加强党的领导、全面加强党的建设问题，为新时代农村基层党组织发挥领导核心作用指明了方向。近年来，党中央制定《中国共产党农村基层组织工作条例》等党内法规，中共贵州省委出台《关于贯彻〈中国共产党农村基层组织工作条例〉实施办法》等党内法规和规范性文件，进一步明确党组织的地位和作用。加强农村基层党组织建设，要围绕实施乡村振兴战略开展工作，组织带领农民群众发展集体经济，推动实施以"千人帮千社、千企带千社"为主要内容的"双千帮带"工程，走共同富裕道路，建设和谐美丽乡村。

（三）领导基层治理

党的十九大通过的党章修正案提出，"街道、乡、镇党的基层委员会和村、社区党组织，领导本地区的工作和基层社会治理"。党的十九届四中全会通过的《中共中央关于坚持和完善中国特色社会主义制度、推进国家治理体系和治理能力现代化若干重大问题的决定》指出："健全党组织领导的自治、法治、德治相结合的城乡基层治理体系。"以党建引领基层治理，是农村基层党的建设的一条重要经验，也是一个重要原则。夯实党建引领基层治理的组织基础，重点是拓展基层党建领域，特别是加大非公有制经济组织、社会组织组建党组织的力度，充分运用现代信息化手段开展工作，以"党建＋"为抓手，增强党在新兴领域的号召力、凝聚力，消除农村基层党建工作"空白点"，把党的组织和工作延伸到社会基层的每个角落。实行党组织网格化管理，推广"村级党组织＋网格化党组织"组织体系，实现基层党组织建在网格上、党员都在网格中、联系服务群众零距离的水平。引领基层各类组织贯彻党的决策部署，确保基层治理的正确方向。深化农村"四议两公开"机制，不断提升重大事项决策科学化水平。

（四）团结动员群众

党的基层组织处在联系服务群众的第一线，承担着组织群众、动员群众、服务群众和团结群众的重要职责。加强农村基层党组织建设，要在践行党的根本宗旨上更加自觉和坚定。发挥党的政治优势，大力弘扬团结奋进、拼搏创新、苦干实干、后发赶超的新时代精神，扎实做好思想政治工作。发挥党的组织优势，把各条战线、各个领域的广大党员组织起来，充分发挥先锋模范作用，积极投身乡村振兴生动实践。发挥党的密切联系群众优势，把广大群众团结凝聚在党的周围，不断巩固党的组织基础和群众基础。

新冠肺炎疫情发生后，农村基层党组织立足自身职能优势和特点，发挥党的政治优势、组织优势和密切联系群众优势，把广大人民群众充分动员起来，把各种社会力量和社会资源充分调动起来，构筑起疫情防控的坚固防线。

（五）推动改革发展

农村改革发展推进到哪里，党的基层组织就跟进到哪里。要将基层党组织的组织资源转化为推动发展资源、组织优势转化为推动发展优势、组织活力转化为推动发展活力。坚持把强化农村基层党组织政治功能落实到深化农村改革上，深入做好思想引导、解疑释惑、化解矛盾工作，教育引导广大群众理解改革、支持改革、投身改革，推动改革向纵深发展。坚持把强化农村基层党组织政治功能落实到推动农村发展上，把发展的重点作为党建工作的着力点，引导党员在农村改革发展中当先锋、打头阵、创佳绩。坚持把强化农村基层党组织政治功能落实到维护农村稳定上，认真解决群众关心的教育、健康、社保等问题，解决好农村群众的操心事、烦心事、揪心事。坚持把强化农村基层党组织政治功能落实到改善农村民生上，畅通联系服务群众"最后一公里"，办好多数人受益的事、最急需解决的事、长期起作用的事、力所能及的事，让农村群众共享改革发展成果，把党和政府的温暖送到群众心坎上。

二、 发挥组织功能

在各类基层组织中，党组织是核心。加强基层组织建设，重点是加强基层党组织建设。基层党组织凝聚力、战斗力强了，就能把党的力量、党的主张传递到"神经末梢"，就能协调带动各类基层组织实现功能互补、良性互动。农村基层党组织组织功能强弱，直接关系到党的创造力、凝聚力、战斗力和领导力、号召力。习近平同志在十九届中央政治局第二十一次集体学习时指出，要充分发挥各级党委（党组）、各领域基层党组织的政治功能和组织功能，把广大党员、干部和各方面人才有效组织起来，把广大人民群众广泛凝聚起来。要以提升组织力为重点，发挥组织功能，不断增强党的政治领导力、思想引领力、群众组织力、社会号召力，确保党始终保持同人民群众的血肉联系。

（一）增强政治领导力

党的基层组织是政治组织，是党在社会基层组织中的战斗堡垒，是党的领导延伸到基层的重要载体。中国特色社会主义最本质的特征是中国共产党领导，中国特色社会主义制度的最大优势是中国共产党领导，党是最高政治领导力量。党政军民学、东西南北中，党是领导一切的。坚持和加强党的全面领导，最重要的是坚决维护党中央权威和集中统一领导。提升农村基层党组织的政治领导力，就是要把党的全面领导落实到各类基层组织，坚持和健全重大事项、重要问题、重要工作由党组织讨论决定的机制，完善党组织实施有效领导、其他各类组织按照法律和各自章程开展工作的运行机制，坚决防止村党组织弱化、虚化、边缘化现象。党员要强化党的意识和组织观念，自觉做到思想上认同组织、政治上依靠组织、工作上服从组织、感情上信赖组织。所有党组织和全体党员都必须牢固树立一盘棋意识，在党中央集中统一领导下齐心协力、步调一致开展工作，形成党的组织体系整体合力。

（二）增强思想引领力

思想建设是党的基础性建设。习近平同志深刻指出，我们党之所以能够历经艰难困苦不断创造新的辉煌，很重要的一条就是我们党始终重视思想建党、理论强党。提高农村基层党组织思想引领力，就是要坚持革命理想高于天，把共产主义远大理想和中国特色社会主义共同理想作为中国共产党人的精神支柱和政治灵魂，坚定理想信念，挺起精神脊梁。把学习习近平新时代中国特色社会主义思想作为理论武装的重中之重，坚持学懂弄通做实，推动学习往深里走、往心里走、往实里走，使新思想更好内化为情感、内化为认同、内化为力量。牢牢掌握意识形态工作领导权，用好新时代文明实践中心，加强思想宣传和舆论引导，系统宣传习近平新时代中国特色社会主义思想，让党的科学理论"飞入寻常百姓家"。

（三）增强群众组织力

提升农村基层党组织群众组织力，就是要把党员、干部和党的基层组织深深植根于广大群众之中，发挥农村基层党组织的组织优势、组织力量、组织功能，把我国国家制度和治理体系的显著优势充分发挥出来，最广泛、最有效地动员一切力量，组织引领群众听党话、感党恩、跟党走。农村基层党组织要紧扣实施乡村振兴战略，深入推进抓党建促乡村振兴，把党组织建设成为带领群众致富的坚强战斗堡垒。切实加强党的群众路线教育，坚持以人民为中心的发展思想，引导党员干部站稳群众立场，把群众当亲人、当家人，与群众一块过、一块干。认真落实党的各项惠民政策，着力解决群众生产生活中的困难和问题，扎实做好服务群众工作，切实维护群众切身利益。严格执行党的群众纪律，以铁的纪律规范党员、干部行为，坚决执行中央八项规定及其实施细则，持续反对"四风"。对于发生在群众身边的优亲厚友、吃拿卡要、执法不公、小官巨腐、宗族宗教势力干扰、"村霸"等不正之风和违纪违法问题，切实整治、严肃查处、决不手软。

（四）增强社会号召力

提升农村基层党组织社会号召力，就是要推动党的组织有效嵌入各类社会基层组织，党的工作有效覆盖社会各类群体，为坚持和加强党的领导、发挥基层党组织战斗堡垒作用和党员先锋模范作用奠定组织基础。健全党组织领导下的居民自治机制、民主协商机制、群团带动机制、社会参与机制，以党的基层组织建设带动其他各类基层组织建设，使其成为党组织发动群众的有力助手，更广泛、更有效地把人民群众凝聚起来。有力有效引领群众，广泛开展社会主义核心价值观宣传教育，把思想政治工作做到群众心坎上。积极稳妥推进基层民主，健全基层民主选举、民主协商、民主决策、民主管理、民主监督的机制，引导群众依法开展自治活动、参与社会治理，畅通群众表达意愿、参与决策、监督党的组织和干部的渠道，妥善协调利益关系、化解社会矛盾。

三、 抓好工作落实

加强党的基层组织建设，关键是从严抓好落实。落地才能生根，根深才能叶茂。发挥农村基层党组织的功能作用，要掌握政策设计、工作部署、干部培训、督促检查、追责问责"五步工作法"，提高抓具体促深入、抓重点促突破、抓短板促提升、抓开放促改革的"四抓四促"能力，运用项目化推动、清单化推进、实效化推出、标准化推广"四化落实法"，坚决反对各种形式主义、官僚主义。

（一）项目化推动

坚持以经济工作理念谋划农村基层党建工作，将项目管理手段和方法引入基层党建工作，按照可定义、可量化、可操作、可考核、可落地的要求，把组织体系、队伍建设、活动载体、工作制度、阵地建设等党的基层组织建设各项工作，分解成一个个具体项目，通过项目的统筹规划、滚动实施和评估提炼，实现基层党建工作从"软任务"变成"硬指标"、从重点突破到整体推进。扭住既定的目标任务、针对存在的突出问题，拿出务实管用的精准举措，一项一项抓到底，不能把说了当成做了、把做了当成做好了。

（二）清单化推进

列出包括任务事项、责任人、完成时限等基本要素在内的任务清单，围绕任务清单检查考核。对已经出台的政策制度、部署的重点任务，盯住不放、锲而不舍，不能半途而废、频繁"换频道"。这种清单化、表格式的落实方法，基层一目了然、具体可感，解决了以往抓工作大而化之的问题，是抓落实中的"精准滴灌"，有效提升了抓工作的针对性、实效性。强化责任意识，乡镇党委全面落实抓村级组织建设的直接责任，乡镇党委书记和党委领导班子其他成员要包村联户，经常摸情况、查问题，及时研究解决。

（三）实效化推出

坚持以实干实绩实效评价工作成果，把各项任务落实到每个支部、每名党员，让问题切实解决、短板加快补齐、弱项显著增强，让农村基层党建有新的明显变化。特别是针对形式主义、官僚主义问题反复性、顽固性的特点，紧盯新动向、新表现，全面检视、靶向治疗，防止一味要求基层建台账、做展板、填表格、报材料，防止简单以开会、发文、留痕多少评判工作好坏，防止简单把工作往下推、不解决实际问题，切实为基层减负，让基层干部有更多时间和精力抓落实。

（四）标准化推广

标准决定质量，有什么样的标准就有什么样的质量，只有高标准才有高质量。在推动工作中注意总结经验、把握规律，创新工作方式，优化工作流程，把一些成熟做法、典型经验提炼转化为常态化、长效化机制，进行标准化推广。按照"增加先进支部、提升中间支部、整顿后进支部"的思路，抓两头带中间，推动后进赶先进、中间争先进、先进更先进。认真落实《党委（党组）书记抓基层党建工作述职评议考核办法（试行）》，推动各级党委把农村基层党建工作牢牢抓在手上。